KB059642

단단한

돌과 뼈로 읽는

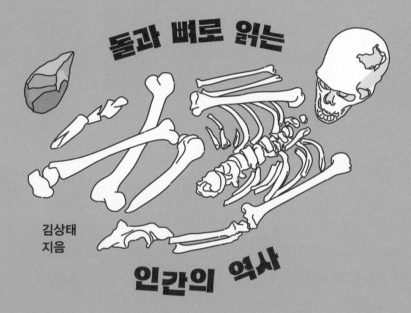

김상태
지음

인간의 역사

고고학

사계절

지구 시계의 마지막 2분 15초: 인간의 시대

인간의 몸짓에만 남아 있는 시대가 있습니다. 기호나 기록은 말할 것도 없고, 삶의 미미한 흔적조차도 찾기 어려운 희미한 옛날입니다. 그건 바로 인간이 이 땅에 처음 발을 디딘 순간입니다. 그때가 언제였는지는 아무도 정확히 알지 못합니다. 한때 300만 년 전이었다고 했는데, 연구가 진척되면서 500만 년 전이 되었습니다. 그리고 지금은 700만 년 전이라고도 말합니다. 인간다움의 기준을 '두 발 걷기'로 정의한 뒤 추정한 시간입니다. 가늠조차 쉽지 않은 먼 옛날부터 정말 오랜 시간을 지나 지금 우리가 이곳에서 살고 있습니다. 그 사이에 무슨 일들이 있었을까요.

문자로 기록된 시대를 역사歷史라고 하고, 그보다 앞선 시대는 '먼저 선先' 자를 써서 선사先史라고 합니다. 그렇다고 선사가 역사가 아닌 것은 아닙니다. 엄밀하게 따져서 문자로 된 기록이 없다는 것일 뿐, 그 모두가 역사의 큰 범위 안에 있습니다. 그러니 인간의 역사라고 하면 총 700만 년 정도인 셈입니다. 그럼 이것이 역사의 전부일까요? 그전에는 아무것도 없었을까요? 역사에 관한 이러한 정의는 지극히 인간 중심적인 편견에 지나지 않습니다. 우리와 함께 지구 하늘 아래에서 호흡하고 있는 다른 생명체들에게는 '인간이 탄생하기 전까지는 아무 의미가 없어!'라는 오만을 부리는 것으로 보일지도 모릅니다. 게다가 인간이 한껏 오만을 부려 봤자 겨우 700만 년짜리 이야기에 불과합니다. 척추를 가진 동물들의 초기 조상으로 추정되는 실러캔스coelacanth라는 생명체는 무려 3억 7000만 년 전에 등장했는데, 지금도 깊은 바다 속에서 살고 있습니다. 수명은 100년 정도이고 다 자라면 2미터 가까이 되는 이 거대한 심해어에 비하면 인간은 이제 막 지구에 등장한 신출내기 종입니다.

우리가 살고 있는 지구에서 일어난 모든 일이 딱 하루에 벌어졌다고 가정했을 때, 인간의 시간인 700만 년은 마지막 2분 15초에 불과합니다. 그럼 나머지 23시간 57분 45초 동안에는 어떤 일들이 있었을까요? 우리가 잘 아는, 한때 지구 전체를 주름잡았던 공룡의 시대는 역사가 아닐까요? 또 그보다 조금 더 앞선, 지구 전체가 숲으로 가득 뒤덮였던 나무의 시대는 역사가 아닐까요? 더 훌쩍 올라가서, 우리별 지구가 탄생했던 혼돈의 시대는 역사가 아니면 무엇일까요? 그 일들은 너무 오래전이라 우리와 아무런 관계가 없다고요? 공룡의 시대는 2억 년, 나무의 시대는 3.5억 년, 지구의 탄생은 45억 년 전이니 그렇게 생각해도 무리는 아닙니다만, 공룡의 시대(중생대)는 석유를 남기고 나무의 시대(고생대)는 석탄을 남겨서 지금도 우리에게 따스한 겨울을 선물하고 있습니다. 모두가 우리와 연결되어 있으며 우리는 그것으로부터 삶의 온기와 휴식을 구합니다. 인간의 위대한 발명품인 문자로는 기록조차 어려운 장구한 역사입니다. 단지 700만 년 전에 등장한 인류가 지금 이 순간 지구를 주름잡고 있을 뿐입니다. 지나온 과거를 보건대 지구의 주인공은 수없이 많았고, 앞으로도 새 주인공이 등장할 가능성이 100퍼센트입니다. 명멸한 과거의 수많은 주인공들처럼 인간 역시 언젠가 멸종할 것입니다.

다시 이야기를 되돌려서, 인간의 시선에서 역사가 무엇인지 생각해 볼까요? 너무 크고 막연한 질문이라고요? 찬찬히 생각을 정리해 보면, 가깝게는 조금 전 벌어진 일부터 멀게는 까마득히 오래전에 일어난 일까지 모든 사건의 집합체가 바로 역사 아닐까요. 그 많은 일들의 집합체 중에서 누군가가 작은 집합체를 나누어 편집한다면 그것이 곧 특정한 주제의 역사가 될 것입니다. 예컨대 한국인에게 편집된 '한국사', 미국인들에게 편집된 '미국사'처럼 말입니다. 그렇게 편집된 역사는 그것을 편집한 사람들에게 특별한 의미를 갖습니다.

지금도 인간은 역사의 새 편집본을 만들고 있으며, 우리는 과거의 편집본을 언제든지 꺼내 볼 수 있습니다. 그것을 살펴보면 당시 사람들이 무슨 생각으로, 어느 정도의 지식을 기반으로 그것을 편집했는지 알게 됩니다. 예컨대 근대 고고학이 도래하기 전인 18세기 조선에서는 청동기 시대를 알지 못했습니다. 그래서 역사의 일부로 생각하지 않았습니다. 오히려 당시 지식인들은 청동기 유물을 만든 시기를 신의 시대라고 상상했던 것 같습니다. 청동기 시대의 돌도끼는 전면을 매끈하게 가는 경향이 있습니다. 그중에 조갯날 돌도끼는 날 양쪽을 반들반들하게 갈아서 마치 조개가 입을 앙 다문 듯한 형태입니다. 조선 시대에는 종종 이 돌도끼가 땅 위에 드러났는데, 사람들은 그것을 신기하고 영험한 물건이라고 여기고 번개가 내려친 자리에서 만들어진다는 뜻을 붙여서 '뇌부雷斧'라고 불렀습니다. 심지어 세종 23년(1441)과 연산군 11년(1505)에는 전국에서 이를 수집하여 진상하라고 왕명을 내리기도 했습니다. 지금의 관점에서 보면 헛웃음이 날 지경이지만, 당시에는 사뭇 진지했습니다. 역사책이 신화와 전설로 시작되던 시대였으니 어쩌면 당연한 일입니다.

하지만 사실을 알면서도 눈 가리고 아웅하던 시대도 있습니다. 일제 강점기에 일본인 학자들에 의해 시작된 이 땅의 근대 고고학은 우리에게 깊은 상처를 남겼습니다. 이 시기에 얼마나 많은 역사가 왜곡되었는지는 연구를 통해 알려져 있습니다. 한반도의 구석기 시대 역시 왜곡을 피할 수 없었는데, 일제는 구

조갯날 돌도끼

석기 유물을 발견하고도 한반도에는 구석기 시대가 없었다고 기록했습니다. 왜냐하면 조선을 근본도 없고 역사도 없는 나라로 만들어서 어떻게든 합병의 명분을 찾으려 했기 때문입니다. 인간이 역사를 기록하지 않은 고고학의 시대를 놓고 벌어진 일입니다. 문자로 기록되지 않았기 때문에 일제는 의도적으로 유물을 숨기고 자료를 왜곡하는 방식으로 시대를 호도했습니다.

때로는 무심히 흐르는 시간이 역사를 가리기도 합니다. 한때 고고학자들이 연구 목적으로 현대의 쓰레기장을 발굴한 적이 있었습니다. 그랬더니 썩지 않은 비닐류 제품이 잔뜩 발굴되었습니다. 만약 현재에 대해 알지 못하는 아주 먼 미래의 누군가가 이곳을 발견한다면 현재를 '비닐의 시대'라고 생각하지 않을까요. 그것을 토대로 '21세기에 인류의 주식은 라면이었고, 비닐로 만든 가방과 플라스틱으로 만든 생활용구 등으로 삶을 영위하였다'라고 묘사할 수도 있겠습니다.

고고학자들은 이런 방식의 사고 실험적 연구를 통해 자신의 해석이 과거를 오해하는 상황을 지속적으로 경계합니다. 실제로 구석기 시대에도 돌로 도구를 만들기 전에 다른 재료로 도구를 만들었을지 모릅니다. 다만 지금은 모두 썩어서 이 세상에서 사라진 것일 수 있습니다. 혹은 선사인들의 마을이 당시에 홍수로 휩쓸려서 도구가 떠내려갔을 수도 있고, 동물들이 흩뜨려 놓았을 수도 있습니다. 전자의 경우는 강가나 경사지의 유적을 발굴하다가 자주 접하는 현상이고, 후자는 오래된 동굴 유적에서 늘상 마주치는 일입니다. 그래서 어떤 유적에서 다양한 석기가 가지런하게 놓인 채로 발견된다면 그것이 사람의 행동에 의한 결과인지 자연의 힘에 의한 것인지 구분해야 합니다. 또 동굴에서 발굴된 뼈에 긁힌 흔적이 있다면 석기로 낸 자국인지 동물의 이빨 자국인지 신중하게 관찰해야 합니다.

이제 여러분은 역사를 연구하는 일이 비단 역사학자들만의 전유물이 아니라는 사실을 눈치챘을 것입니다. 대학교에서 '사학과'를 졸업하고 학위를 받은 학자들이 몰두하는 분야는 전체 역사 중에서 문자 기록이 남아 있는 대단히 짧고 한정된 시간의 이야기입니다. 불과 몇천 년밖에 되지 않습니다. 그보다 훨씬 오래된 700만 년 인간의 역사는 진화 인류학자나 고고학자들의 몫입니다. 그리고 가늠조차 힘든 인간 이전의 장구한 '억 년' 단위의 역사는 지구과학이나 물리학, 지질학, 생물학 등에서 나누어 연구하고 있습니다. 고고학이라고 하면 까마득한 오래전 과거의 역사를 연구하는 것이겠거니 하던 생각을 이제 이렇게 바꾸면 좋겠습니다. '고고학, 겨우 몇 백 만 년에 불과한 인간의 소소한 역사를 연구하는 분야로군!'

이제 본격적으로 인간 시대의 대부분을 차지하는 구석기 시대를 이야기해 보려 합니다. 고고학 분야 중에서도 다소 별종으로 취급받는 구석기 고고학은 인간이 인간으로서 가장 엉성했던 시절을 연구합니다. 그리고 이 이야기는 고고학자가 발굴 현장에서 집어 든 몇 개의 돌과 나무와 뼈 조각에서 시작합니다.

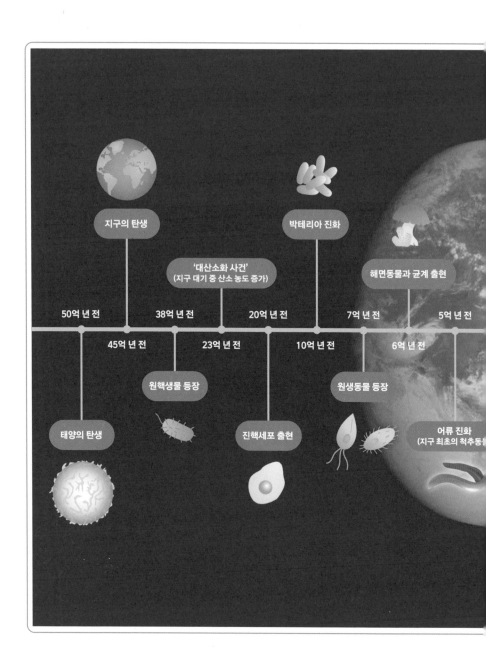

단단한
고고학

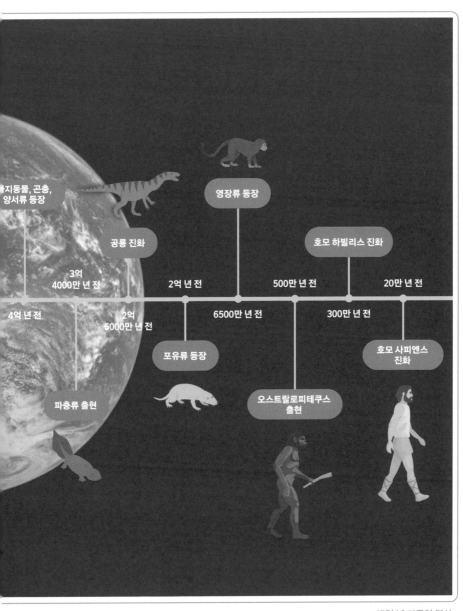

척추동물, 곤충,
양서류 등장

공룡 진화

영장류 등장

호모 하빌리스 진화

3억
4000만 년 전

2억 년 전

500만 년 전

20만 년 전

4억 년 전

2억
5000만 년 전

6500만 년 전

300만 년 전

포유류 등장

호모 사피엔스
진화

파충류 출현

오스트랄로피테쿠스
출현

45억 년 지구의 역사

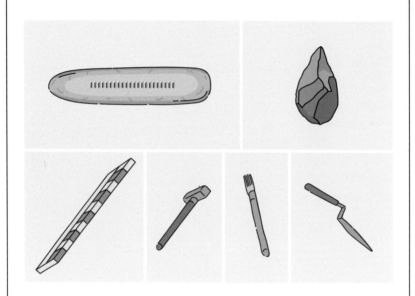

1부

최초의
인간은 무엇을
만들었을까?:

원시의 도구와
재료 이야기

도구가 만든 격차: 있는 자 대 없는 자

도구란 무엇인가?

특정한 분야의 '전문가'는 흔히 그 분야에 대해 풍부한 지식이나 경험을 가진 사람을 가리킵니다. 전문가 중에서도 특히 기술이나 예술 분야의 전문가는 자신의 직업을 대표하는 도구를 갖고 있기 마련입니다. 예컨대 프로그래밍 전문가는 주문 조립한configure to order, CTO 고성능 컴퓨터와 주변 기기를 갖추어야 하고, 서예가는 손때 묻은 붓과 벼루가 곁에 있어야 합니다. 사진가는 여러 종류의 렌즈와 카메라를 늘 챙기고, 주방장에게는 크고 작은 칼 여러 개와 숫돌 세트가 필수입니다.

이처럼 전문가들은 각자 자기만의 도구를 갖고 있습니다. 그리고 다른 사람이 허락 없이 자신의 도구에 손을 대면 무섭게 돌변하곤 합니다. 도구가 곧 자신인 듯 말이죠. 이론을 넘어 실전의 영역에서는 아무리 전문가라고 할지라도 적절한 도구가 없다면 속수무책입니다. 잘 갈무리된 도구는 전문가가 자신의 분야에서 특별한 전문성을 발휘할 수 있게 돕는 무기나 마찬가지입니다. 그러니 도구가 곧 자신이 되는 것입니다.

이것은 우리 인간이 지난 수백만 년 동안 꾸준히 도구를 발전시킨 결과입니다. 20세기 초에 세계를 깜짝 놀라게 했던 '필트다운인'(1911~15년 영국 서섹스주 필트다운에서 발견된 화석 인류. 두개골과 아래턱뼈 조각이 나왔다. 그러나 이 표본이 인류의 진화 과정과 동떨어져 있다는 의문이 제기되었고, 1948년 불소 연대 측정을 통하여 인간의 화석과 오랑우탄의 두개골을 짜맞춘 것으로 판명되었다) 화석 발견이 날조된 사기극이었음을 밝힌 저명한 고고학자 케네스 오클리Kenneth P. Oakley는 일찍이 그러한 점을 간파하고 『인간: 도구를 만드는 자Man the Tool-maker』라는 고전을 남기기도 했습니다.

인간은 언제부터, 그리고 어떤 이유로 도구를 사용하기 시작했을까요? 이 막연한 질문에 대한 답은 인간 이외의 동물은 도구를 어떻게 사용하고 있는지 관찰하면 찾을 수 있을 듯합니다. 해달Sea Otter은 딱딱한 조개 껍질을 바위에 두드려서 깨 먹습니다. 때로는 가슴에 조개를 올려놓고 마치 망치질하듯 돌로 내려치기도 합니다. 다만 해달은 돌을 주워서 사용할 뿐이지 쓰기 좋게 가공하지는 않습니다.

해달보다 지능이 높은 영장류 침팬지는 좀 더 '도구다운 도구'를 사용하는 것으로 알려져 있습니다. 침팬지들이 즐겨 먹는 흰개미는 주로 진흙으로 집을 짓고 삽니다. 침팬지는 가느다란 나뭇가지를 개미집 구멍 안으로 쏘옥 집어넣어서 개미를 잡습니다. 잠시 뒤 나뭇가지에 개미가 많이 달라붙었다 싶으면 얼른 빼서 손가락으로 개미를 쓰윽 훑어서 입에 넣습니다. 그리고 배가 부를 때까지 같은 동작을 반복합니다. 우리는 침팬지의 얼굴 표정을 구분하지 못하기 때문에 그 맛을 짐작하기 힘들지만, 개미집에 나뭇가지 넣기를 멈추지 않는 것을 보면 틀림없이 맛이 좋은가 봅니다. 침팬지는 완력으로 개미집을 무너뜨릴 수 있지만, 개미굴에 나뭇가지를 집어넣는 편이 훨씬 효율적이라는 사실을 알고 있습니다. 게다가 개미를 더 많이 잡아먹기 위해서 나뭇가지의 중간중간에 이빨 자국을 내거나 침을 묻히는 등 계속해서 도구를 '정비'합니다.

돌을 사용해 단단한 열매 껍질을 깨는 카푸친원숭이(왼쪽)와 카푸친원숭이가 만든 뗀석기(오른쪽)

한편 수년 전에 중앙아메리카에 서식하고 있는 카푸친원숭이Sapajus libidinosus가 돌과 돌을 부딪쳐 뗀석기를 만드는 과정을 관찰한 결과가 자연 과학 분야의 국제 학술지 『네이처Nature』에 보고되었습니다. 옥스퍼드대학교 연구팀은 카푸친원숭이의 서식지를 조사해서 이 종이 지난 3000년간 석기를 만들었고, 심지어 석기 제작의 경향성이 시간의 흐름에 따라 달라졌다는 사실을 확인했습니다. 이쯤 되면 "오직 인간만 도구를 만든다"라고 말하기는 어렵지 않을까요?

동물들의 도구 사용 사례를 참고할 때 현생 인류(호모 사피엔스Homo sapiens)의 조상인 고인류 역시 처음에는 자연 상태의 돌을 그대로 집어 들어 도구로 사용했을 가능성이 큽니다. 그 과정이 반복되면서 점점 적당한 것을 고르는 안목이 생겼고, 이어서 자연 상태의 도구를 가공하고 개량하는 과정을 거쳤다고 추측할 수 있습니다.

여기서 잠깐! 가장 원시적 형태의 도구인 '돌조각'은 인간의 삶을 어떻게 바꾸었을까요? 우리가 원시 시대의 고인류라고 한번 상상해 봅시다. 여러분은 초원을 걷다가 방금 전에 죽은 커다란 들소를 발견했습니다. '와우! 온 식구가 일주일 동안 배불리 먹고도 남을 것 같아.' 그런데 만약 여러분이 맨손이라면 어떻게 이 커다란 소를 집으로 옮길 수 있을까요? 여러분은 겉가죽도 찢지 못할 것입니다. 소가죽으로 만든 신발이나 가방이 얼마나 질긴지를 떠올리면 어느 정도 감이 올 것입니다. 반대로 여러분의 손에 날카로운 돌조각 하나가 들려 있다면 어떨까요. 즉시 가죽을 가르고 뒷다리와 갈비뼈에 붙은 고기 덩어리를 잘라서 들쳐 메고 집으로 돌아와서 가족들과 배불리 나누어 먹을 것입

니다. 길을 가다가 사자 무리가 먹다 남긴 사슴을 발견했다면요? 돌조
각이 없다면 동물의 질긴 힘줄과 단단한 뼈는 그림의 떡에 불과합니
다. 그렇지만 여러분의 주먹보다 조금 큰 돌멩이 하나만 있으면 죽은
동물이 '사체'에서 '고기'로 바뀝니다.

탄생과 발전: 찍개에서 주먹도끼로

처음으로 도구를 만든 인류는 지금으로부터 약 300만 년 전의 오스
트랄로피테쿠스Australopithecus였다고 추정합니다. 그들의 도구는 주
변에서 가장 흔히 볼 수 있는 돌이었습니다. 자갈돌 두 개를 몇 차례
부딪쳐서 날카롭게 만든 부분을 필요한 일에 사용한 것으로 보입니다.

케냐 빅토리아 호수 근처에서 발견된 300만 년 전의 구석기

이것이 구석기 학자들이 '찍개chopper'라고 부르는 가장 단순한 석기입니다. 가끔씩 박물관에서 뗀석기 만들기 체험 교실을 열고 찍개 만들기 프로그램에 관람객을 초대하곤 합니다. 참여한 시민들은 한두 시간 만에 능숙하게 찍개를 뚝딱 완성합니다. 이처럼 찍개는 누구든지, 언제 어느 때나 쉽게 만들 수 있는 도구입니다.

그런데 오스트랄로피테쿠스는 찍개로 무엇을 했을까요? 찍개의 날은 거칠고 조악하지만 힘껏 내리칠 때의 위력은 굉장합니다. 동물의 가죽을 찢고 고기를 잘라 낼 수 있으며, 뼈를 부수고 그 안에 든 영양 가득한 골수를 꺼내는 데에도 아무런 문제가 없습니다. 나뭇가지를 자를 수도 있고, 심지어 동물을 사냥할 때는 맹수의 발톱이나 송곳니 역할을 대신합니다. 인간이 맨손으로는 상상할 수 없던 일들이 찍개로 인해서 가능해졌습니다. 그러니 찍개는 그저 원시적인 돌멩이가 아니라 인류의 식생활을 비롯한 삶의 지평을 확장시킨 도구입니다.

180만 년 전에 출현한 호모 에렉투스Homo erectus는 이전 시기의 인류보다 지능이 더 발달한 고인류입니다. 이들이 새로운 석기를 만들었으니, 바로 주먹도끼hand axe입니다. 주먹도끼에 대해서는 뒤에서 자세히 다룰 예정이니 여기에서는 간단히 설명하겠습니다. 여러분은 박물관 체험 교실에서 주먹도끼를 완성하지 못할 가능성이 큽니다. 전문가에게 제작 방법을 배운다고 해도 제작 과정이 찍개에 비해 월등히 어렵기 때문에 대부분 중간에 포기할 것입니다. 게다가 찍개처럼 아무 돌이나 가져와서는 주먹도끼를 만들 수 없습니다. 이 말은 주먹도끼라는 도구는 석재를 선별하는 단계부터 관련 지식이 필요하다는 뜻입니다.

호모 에렉투스는 과거의 인류에 비해 더 정교한 손 기술과 더 적합한 재료를 선별하는 지식을 갖고 있었다는 의미이기도 합니다. 잘 만든 주먹도끼를 여러 기능을 수행하는 현대의 '맥가이버 칼'(다용도 공구 키트)에 비교하곤 합니다. 찍고(송곳) 찌르고(칼) 자르고(가위) 부수기(망치) 같은 다양한 기능을 포괄한 도구이며, 스페인의 아타푸에르카Atapuerca 유적에서는 죽은 동료의 시신과 함께 매장된 주먹도끼가 나와서 망자를 추모하는 부장품의 의미까지 있었다고 해석하기도 합니다.

이후 네안데르탈인과 호모 사피엔스의 시대에는 한 차원 높은 석기 제작 기술이 개발되었고, 구석기 시대 말엽인 약 1만 5000년 전에는 사람의 힘이 아닌 동력을 사용하는 혁신적 도구 '활'까지 등장했습니다. 영화 〈최종병기 활〉을 보았다면 활의 위력을 충분히 짐작할 수 있을 것입니다. 화살에 맞은 동물은 누가 어디에서 자신을 공격했는지 모른 채 죽어 가게 됩니다. '아니, 활이 무려 구석기 시대에 발명됐다고?' 이렇게 깜짝 놀란 분도 계실 테지요. 네, 구석기 시대에 발명되었습니다. 여기에서 우리는 구석기 시대가 아주 먼 옛날부터 꽤 가까운 과거까지, 인간의 거의 모든 역사를 담고 있다는 사실을 다시 한번 알 수 있습니다.

도구가 있는 자와 없는 자 사이의 간격은 그야말로 천양지차天壤之差입니다. 인간과 다른 동물을 구분 짓는 여러 특징 가운데 '도구'를 가장 먼저 이야기하는 까닭이 바로 여기에 있습니다.

인간이 도구를 자기 삶의 일부로 받아들인 순간부터 지금까지 참으로 오랜 시간이 지났습니다. 최초의 도구는 전적으로 '생존의 도구'였을 테지만 거기에 다른 의미가 차츰차츰 더해져서 이제 도구는 실용 이상의 '어떤 것'을 의미하게 되었습니다. 어느 시기부터는 불이나 태양과 같은 대자연의 일부를 도구에 가두어 두고 필요할 때마다 불을 일으키고 에너지를 만들 수 있게 되었습니다. 그러더니 이제는 인간을 대신해 생각하고 일하는 인공지능 로봇도 만들었습니다. 미래에는 로봇이 일하고 인간은 노동에서 완전히 벗어날 것이라고 기대하기도 합니다.

지금 이 순간에도 인간은 깊고 먼 우주의 저편으로 우리의 분신과도 같은 위성을 파견해 미지의 세상을 탐색하고 있습니다. 그렇다면 이제 도구를 인간의 일부라고 말할 수 있지 않을까요? 까마득한 어느 과거에 원시 인류가 깨트린 돌 한 조각이 이제는 우리 자신을 대체하고 있습니다. 그리고 미래에는 도구가 얼마나 크고 다양하며 완벽한 인간의 일부로 발전할지 짐작조차 하기 어렵습니다.

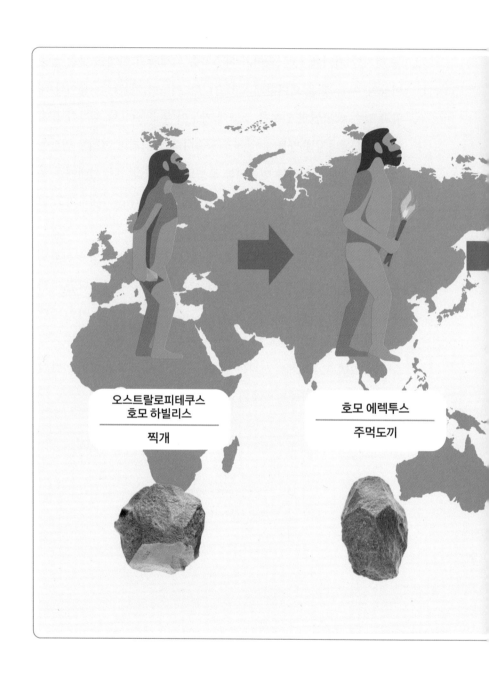

오스트랄로피테쿠스
호모 하빌리스

찍개

호모 에렉투스

주먹도끼

단단한
고고학

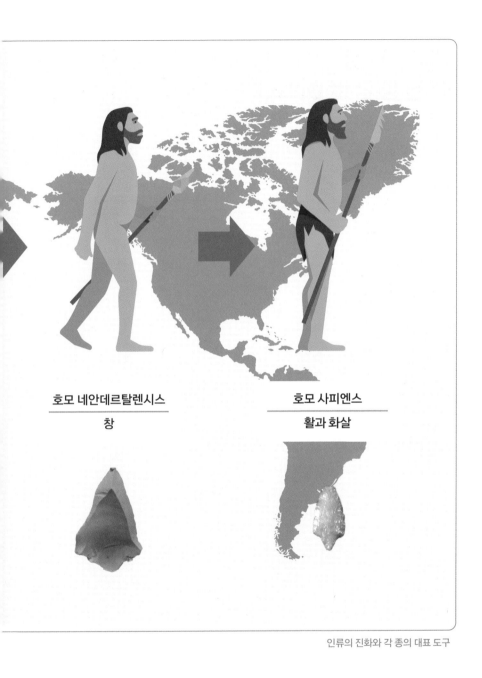

호모 네안데르탈렌시스
창

호모 사피엔스
활과 화살

인류의 진화와 각 종의 대표 도구

망치, 세상
모든 도구의 어머니

1,100,000,000,000톤의 출발선

우리는 보통 도구라는 단어를 들으면 톱이나 컵처럼 손에 들고 사용하는 물건을 떠올립니다. 그런데 옷가지와 각종 조리 설비뿐 아니라 주거 시설과 항구·공항 등 실은 우리 주변에 도구가 아닌 것이 없습니다. 이렇게 확장된 관점에서 의식주와 관련하여 인간이 살아가는 데 필요한 모든 것, 그러니까 '인공ㅅㅗ적으로 만든 모든 것'이 도구라고 전제하고 이야기를 시작해 보겠습니다. 여기서 먼저 질문을 하나 하겠습니다.

"도구가 전부 사라진다면 우리는 어떤 모습으로 살게 될까요?"

결코 대답하기 쉽지 않은 질문입니다. 힌트를 드리겠습니다. 세계 5대 기초 과학 연구 기관 중 한 곳인 이스라엘의 바이츠만연구소에서 최근 『네이처』에 흥미로운 통계를 발표했습니다. 지난 2020년 말을 기준으로 인간이 만든 인공물의 무게anthropogenic mass가 총 1.1조 톤에 이르렀다고 합니다. 이게 얼마만큼의 무게인지 감이 오나요? 300만 년 전 인류가 조악한 뗀석기를 만든 이래 처음으로 도구의 무게가 지구상 모든 생물체의 무게biomass를 추월했다는 뜻입니다. 인간이 만든 도구의 규모를 짐작할 수 있게 하는 연구인 동시에, 우리의 삶이 얼마나 도구에 의존하고 있는지 단적으로 보여 줍니다.

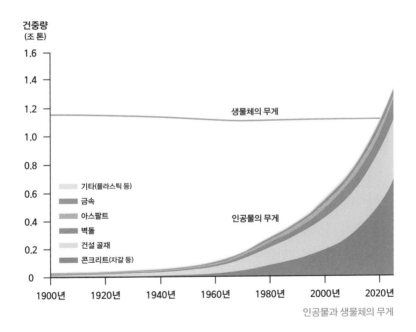

인공물과 생물체의 무게

인공물의 규모를 알았으니 이제 다시 질문으로 돌아가 보겠습니다. 지금 당장 모든 도구(인공물)가 사라진다면 세상은 어떻게 될까요? 저의 상상으로만 전망해 보면 마실 물과 식물성 식량은 어떻게든 구할 수 있지만, 당장 불을 피울 수 없고 사냥도 불가능하니 육류 섭취는 극도로 제한될 것입니다. 이처럼 인간의 손에서 도구가 사라진다면 가장 기초적인 생존 활동을 이어 가지 못하다가 이내 거대한 자연 앞에 무릎을 꿇게 될 것입니다. 정도의 차이는 있지만 현재 인류의 다수는 직장 생활을 하고, 그 대가로 받은 임금으로 생존을 해결하고 있습니다. 산과 들을 누비며 자기 손으로 식량을 구하고 자연의 재료로 옷과 집을 만들 수 있는 사람은 일부에 불과합니다. 순식간에 인류 전체가 대량 사멸과 멸종의 위기로 내몰릴 것이 불 보듯 뻔합니다. 어쩌면 텔레비전 방송 〈나는 자연인이다〉에 나온 사람들이 뜻밖의 승리자가 될 수도 있겠습니다.

구석기인들이 사용한 도구를 뭉뚱그려 '석기石器'라고 부릅니다. 그런데 자세히 들여다보면 석기 안에서 꽤나 역동적인 기술 변화를 발견할 수 있고, 그 속에 다채로운 기종들이 포진해 있음을 알 수 있습니다.

석기를 이해하는 첫 번째 단계는 '일반 도구와 제작 도구'의 구분입니다. 물론 아주 초기의 석기는 이 구분이 무의미하지만, 현대의 고고학자들이 '석기'라고 인식하는 단계부터는 분명히 제작 도구가 존재합니다. 그렇다면 인간이 사용한 가장 최초의 석기 제작 도구는 무엇일까요? 뭔가를 만들 때 흔히 떠올리는 의성어 뚝딱뚝딱의 주인공 망치를 닮은 '망치돌hammer stone'입니다. 고고학자들은 구석기 시대 유적

사용 충격에 의해 한쪽 모서리(사진 속 흰 부분)만 으스러진 망치돌

에서 심심치 않게 망치를 발견합니다. 그 돌이 망치인지 아닌지 어떻게 알 수 있을까요? 생각보다 쉽습니다. 여러분도 구석기 시대의 망치돌을 한 번 보면 다음부터는 금방 골라 낼 수 있습니다. 거기에는 다른 돌과 부딪혀 으스러지거나 깨진 흔적이 뚜렷하게 남아 있기 때문입니다. 망치돌은 한쪽 면에만 집중적으로 으스러진 자국이 있습니다. 돌 망치를 손에 잡히는 대로 들고 이쪽저쪽 다 두드린 것이 아니라 머리 부분과 손잡이 부분을 구분하여 사용했다는 사실을 알 수 있습니다.

기술의 방향성: 용도에 따라 정교하게

그런데 지금까지 발굴된 망치돌을 한자리에 모아 놓으면 그 크기와 모양이 생각보다 다양하다는 점에 깜짝 놀랄 것입니다. 놀라는 이유는 '설마' 때문인데요, 구석기인이 과연 이렇게 다양한 망치를 용도에 따라 구분해서 사용했을까 하는 의심이 먼저 듭니다. 그러나 분명히 그랬습니다. 한 손으로 쥐기 버거울 정도로 크고 육중한 망치부터 길쭉한 원통 모양의 망치, 엄지와 검지로 잡을 수 있을 만큼 작고 가벼운 망치 등 종류가 다양합니다. 망치가 왜 이렇게 많이 필요했을까요? 구석기인들은 우리 생각보다 훨씬 더 영리했습니다. 실험 고고학자들이 뗀석기 만들기를 똑같이 재현하며 연구해서 밝힌 사실에 따르면, 180만 년 전쯤 호모 에렉투스가 만든 주먹도끼를 똑같이 만드는 데 최소한 두 종류 이상의 망치가 필요합니다. 재료로 사용할 커다란 돌 조각을 떼 내거나 전체적인 모양을 잡는 데 쓰는 큰 망치와 날을 가지런하게 정리하고 손질하는 데 사용할 작은 망치가 필요합니다. 나아가 네안데르탈인은 석기를 만들 때 날을 더 예리하고 단단하게 벼리려고 뼈나 나무처럼 무른 재료로 만든 망치도 사용했습니다. 도구를 정교하게 만들려면 다양한 재질과 형태의 망치가 필요했던 것입니다.

망치돌로 돌을 깰 때 충격 지점이 으스러지면서 두껍고 둥글거나 혹은 길쭉하고 모난 조각이 떨어집니다. 반면 사슴뿔로 만든 망치를 사용하면 돌이 거의 으스러지지 않으면서 얇고 폭이 넓은 조각이 떨어집니다. 이처럼 망치의 재질과 강도에 따라 떨어지는 조각의 두께와 형태가 다릅니다. 그래서 얇으면서도 날카로운 날이 필요하면 뿔이나 나무로 만든 무른 망치를 사용해야 합니다. 구석기인은 어떻게 이 차이를 알게 되었을까요?

놀라긴 아직 이릅니다. 망치질은 아무리 정신을 바짝 차리고 힘 조절을 해도 목표 지점을 정확하게 가격하기가 쉽지 않습니다. 그래서 인류는 도구를 정교하고 미세하게 다듬기 위해서 또 하나의 망치인 '누름 도구'를 고안했습니다.

누르는 도구이니, 정확히는 망치가 아니라 정이나 끌의 역할을 담당합니다. 이 역시 사슴뿔 같은 재료로 만들었습니다. 1991년에 알프스 빙하가 녹으면서 발견된 얼음 인간 외치Oetzi의 소지품에도 누름 도구로 추정되는 물건이 있었습니다. 외치는 누름 도구로 만든 작은 돌칼을 칼집에 넣어 휴대하였는데요, 고고학자들은 돌칼의 날이 손상되면 즉시 수리하려고 누름 도구도 가지고 다녔을 것이라고 추정합니다. 물론 외치는 구리를 사용하던 소위 금석병용기(신석기 시대와 청동기 시대의 중간기)의 사람이므로 누름 도구의 끝부분이 구리로 보강되어 있었습니다. 한편 구석기인들은 돌을 불로 가열하면 유리질화되어 더욱 섬세하고 얇은 조각을 떼 낼 수 있다는, 가히 물리와 화학의 원리까지 알고 있었습니다. 우리가 신석기 시대의 기술로 알고 있는 마연 기법(돌을 갈아서 도구를 만드는 방식)도 실은 구석기 시대에 고안된 기술입니다. 일본에서는 3만 년 전 무렵의 간돌도끼가 상당수 발굴되었습니다. 이 정도면 돌로 만드는 것에 관한 전부가 구석기 시대에 완성되었다고 말해도 틀리지 않습니다.

너무도 까마득해서 상상조차 쉽지 않은 구석기 시대의 어느 봄날 오후, 따사로운 햇볕 아래에 손때 묻은 돌망치와 사슴뿔 망치들을 늘어놓고 한 사람이 앉아 있습니다. 그가 큰 망치를 들어 돌을 퍽퍽 깹니다. 떨어진 조각 중 하나를 골라서 다시 작은 망치로 톡톡 쳐서 화살촉 모양으로 다듬은 뒤 활활 타는 불 속으로 휙 던집니다. 잠시 후 벌겋게 달아오른 화살촉을 조심스레 꺼내 식힌 다음, 손바닥에 올려놓고 사슴 뿔의 끝으로 가장자리를 꾹꾹 눌러서 날을 벼립니다. 바닥에는 화살촉이 하나, 둘, 셋…… 점점 늘어납니다. 내일 노루 한 마리를 잡아서 가족들과 배불리 먹을 상상을 하는지, 그의 입꼬리가 씰룩 올라갑니다. 이것이 원시 시대 사냥꾼의 모습입니다. 오늘은 어쩐지 저도 선배 사냥꾼들을 따라서 사냥터로 나가고 싶습니다.

단단한
고고학

르발루아,
네안데르탈인의 신기술

공존과 멸종

네안데르탈인은 인류의 진화 과정에서 호모 에렉투스 중 일부가 갈라져 나온 새로운 인류입니다. 약 50만 년 전 무렵에 출현했고, 그들보다 나중에 출현한 호모 사피엔스와 한동안 함께 살다가 약 3만 년 전쯤에 멸종했습니다. 네안데르탈인의 학명은 '호모 네안데르탈렌시스 Homo neanderthalensis'입니다. 혹은 호모 사피엔스 네안데르탈렌시스라고도 합니다. 두 학명에 얽힌 길고 긴 이야기는 뒤에서 다시 다루겠습니다. 네안데르탈인의 이름은 이들의 화석이 처음 발견된 장소인 독일 네안더Neander 계곡에서 유래했습니다. 그리고 네안데르탈인의 유전자가 호모 사피엔스에게 전해졌다는 사실은 이제 널리 알려졌습니다. 네안데르탈인과 호모 사피엔스가 공존하는 동안 서로 부부가 되어 아이를 낳았다는 뜻입니다.

그런데 사피엔스는 살아남은 반면 오랫동안 함께 산 친척인 네안데르탈인은 왜 멸종했을까요? 바로 이 점 때문에 네안데르탈인은 다른 고인류에 비해 더 많은 관심을 받고 있습니다. 그들의 멸종 이유로 '고기든 채소든 익혀 먹지 않고 생식을 했기 때문이다'라는 설명과 '사피엔스에 비해 두뇌가 덜 발달했다', '언어 구사 능력이 뒤처졌다', '같은 자원을 두고 사피엔스와의 경쟁에서 패배했다' 등 여러 학설이 제기되었습니다. 이처럼 멸종 이유를 찾는 과정에서 필연적으로 사피엔스와 네안데르탈인의 차이를 깊숙이 들여다보게 됩니다. 그렇지만 두 종 사이에는 공통점이 더 많습니다. 그중에 석기를 만드는 기술에도 흥미로운 공통점이 있습니다.

르발루아Levallois 기술은 네안데르탈인들이 창안한 대표적인 석기 제작 방식입니다. 이 기술의 이름 역시 처음 석기를 발견한 프랑스의 르발루아 유적에서 유래했지요. 르발루아 기술의 발명 이전과 이후의 결정적인 차이는 제작 '예비 단계'입니다. 르발루아 기술이 발명되면서 석기를 만들기 위해 돌을 깨는 공정이 일종의 사전 작업이라고 할 수 있는 '예비 단계'와 본격적으로 원하는 석기를 만드는 '본 단계'로 분화되었습니다. 하나의 기술이 점점 복잡해지고 체계화되다가 마침내 그 안에서 새로운 분화가 일어나는 것은 기술 발전의 일반적인 패턴입니다. 석기 제작 과정에서 예비 단계를 분리한 결과는 획기적이었습니다. 그전까지는 망치질 한 번 한 번이 모두 병렬적 성격이었습니다. '격지'(몸돌에서 떨어진 돌조각)를 생산하거나 석기를 손질하는 모든 과정이 동시에 일어났습니다. 종종 적당한 모양의 격지를 주워 석기로 가공하기도 했지만, 그것은 계획한 행동이 아니라 우연히 혹은 즉흥적으로 이루어진 행위였습니다.

기술 진보≠생존 보장

르발루아 기술은 석기의 모양을 잡는 예비 단계에서 '격지'를 생산하고 본 단계에서는 단 한 번의 타격으로 '석기'를 제작합니다. 본 단계의 최종 결과물인 석기는 아주 살짝만 잔손질하거나 아예 잔손질을 하지 않아도 창으로 사용할 수 있을 정도로 잘 벼려져 있습니다. 네안데르탈인은 이렇게 날을 세운 돌로 획기적 사냥 도구인 '르발루아 찌르개'를 만들었습니다. 석기에 잔손질을 하는 목적은 날을 고르고 더 날카롭게 만들기 위해서라기보다 날을 더 튼튼하게 만들기 위해서입니다. 대개의 경우 방금 몸돌에서 떨어진 조각의 날이 잔손질한 날보다 훨씬 날카롭습니다. 따라서 사용하던 석기의 날이 무뎌지면 버리거나 손질해서 다른 도구로 바꾸었습니다. 반면에 르발루아 기술은 원하는 모양으로 가공하기도 쉽고 잔손질하지 않고 그대로도 사용할 수 있는, 말 그대로 한 번에 두 마리 토끼를 잡는 기술입니다. 이 기술로 단시간에 성능 좋은 창을 대량 생산했고, 그 결과 경제적 이점도 비약적으로 증가했을 것입니다. 네안데르탈인은 이전의 어떤 고인류보다 전문적인 사냥꾼으로 성장했습니다. 그들의 식생활에서 육식의 비중이 절대적으로 증가했다는 연구 결과도 바로 이러한 기술적 배경과 일치합니다.

지금부터 르발루아 기술이 어떤 것인지 구체적으로 알아보겠습니다. 앞에서 르발루아 기술의 특징으로 단계 분화를 설명했는데, 이렇게 비유할 수 있습니다. 우리가 장기를 두고 있다고 가정해 볼까요? 한 사람은 상대방을 이기기 위해 가능한 모든 수를 동원해 무차별적으로 '장군'을 외칩니다. 앞뒤 가리지 않고 화력을 쏟아붓는 것이죠. 그러다 보면 그중 한 수가 우연히 외통수가 되어 마침내 승리할 수도 있지만, 계속 장군을 외치며 몰아붙이다가 예상치 못한 반격을 받고 허무하게 패배할 수도 있습니다. 이때 패배의 원인은 전략의 부재입니다.

반면 용의주도한 고수들은 절대로 힘을 낭비하지 않습니다. 단 한 번의 외통수로 상대를 몰고 가기 위해서 큰 그림을 그리고 주도면밀하게 유인합니다. 상대방은 조금씩 수세에 몰리고 있다는 것을 알지만 타격이 크지 않기 때문에 위험을 간과합니다. 심지어 호시탐탐 공격 기회까지 엿봅니다. 그러나 어느 순간 고수가 외친 단 한 번의 '장군'으로 게임이 끝납니다. 이순신 장군이 12척의 배로 100여 척의 일본 수군을 물리친 명량 해전처럼, 힘이 아니라 머리를 앞세운 전략의 승리라고 할 수 있습니다.

르발루아 기술로 돌을 가공하는 방법이 바로 후자와 같습니다. 질 좋은 돌을 선택하고 전체 계획을 미리 짜 놓습니다. 그 후 계획에 따라 신중하게 가장자리와 한쪽 면 전체를 망치로 깹니다. 이때에도 격지가 생기지만 목적물이 아니라 부수적인 생산물일 뿐입니다. 이제 둘레와 한쪽 면이 모두 깎인 돌의 가장자리 중 한 곳을 선택해 평평하게 다듬습니다. 이렇게 해서 석기를 떼 내기 위한 결정적 일격을 가할 지점, 즉 망치로 내리칠 타격면을 미리 정리합니다. 그래야 실수가 없으니까요. 여기까지를 '예비 단계'라고 할 수 있습니다.

그 이전 시기의 석기 제작 기술은 보통 이 단계에서 석기가 완성되었습니다. 찍개나 주먹도끼가 그렇게 만든 도구입니다. 그러나 르발루

르발루아 몸돌(왼쪽)과 몸돌에서 떨어진 르발루아 찌르개(오른쪽)

아 기술은 이제부터 본격 시작입니다. 예비 단계가 끝난 몸돌은 거북이 등과 같이 규칙적인 패턴을 가진 약간 길쭉한 타원형이 됩니다. 긴 방향으로 석기를 떼 내는 것이 더 효과적이기 때문입니다. 이제 타격면을 향해 정확하고 강력한 망치질을 가할 차례입니다. 예비 단계에서 미리 둘레에 경사면을 만들었기 때문에 지금부터 떨어지는 조각은 가장자리 전체가 칼날처럼 날카롭습니다. 이와 같은 방식으로 한 번에 한두 개 내지 서너 개의 석기를 만들 수 있는데, 석기를 떼 낼 때 방향을 잘 조절하면 뾰족한 창끝도 만들 수 있습니다.

구석기 시대를 연구하는 학자들은 르발루아 기술 등장 이전을 전기 구석기 시대Lower Paleolithic, 그 이후를 중기 구석기 시대Middle Paleo-lithic로 구분하기로 했습니다. 르발루아는 단순한 기술의 발전이 아니라 새로운 인류인 네안데르탈인의 등장과 지적 성장의 결과입니다. 다만 르발루아 기술은 유럽과 아시아 북부 지역에서만 확인되므로 다른 지역에서는 이 기술을 기점으로 시기를 구분할 수 없습니다.

르발루아 기술 이후 또 하나의 획기적인 기술이 등장했습니다. 우리의 직접 조상인 호모 사피엔스가 고안한 '돌날 기술blade technique'입니다. 이번에는 기술 이름에 발견 지역을 쓰지 않고 결과물의 명칭을 사용했습니다. 이름 그대로 돌날을 만드는 기술인데, 르발루아 기술로 길쭉한 석기를 떼 내는 방법과도 유사합니다. 그러나 두 기술의 결정적 차이는 르발루아 기술로는 하나의 몸돌에서 최대 서너 개의 석기를 만들 수 있지만 돌날 기술은 연속해서 10개 이상의 돌날을 만들 수 있다는 것입니다. 기본적으로는 르발루아 기술과 다르지 않지만, 예비 단계를 더 고도화해서 생산성을 비약적으로 증대했습니다. 일종의 원시적 '대량 생산'이라고 할 수 있습니다. 거기에 더해서 돌날을 1차 재료로 삼고 긁개, 밀개, 뚜르개, 톱니날 석기 등 다양한 용도의 석기로 손쉽게 가공했습니다. 네안데르탈인의 신기술을 기반으로 호모 사피엔스는 거대한 석기 생산 체계를 완성한 것입니다. 지적으로 호모 사피엔스들이 한 수 위였던 셈입니다.

흑요석, 무엇으로든
바꿀 수 있는 돌

화산이 선물한 첨단 소재

   찬란한 문명을 자랑한 지중해의 고대 도시 폼페이Pompei는 서기 79년에 거대한 화산 폭발로 인해 세상에서 사라졌습니다. 아니, 사라졌다기보다 화산재에 덮여 그 순간 그대로 멈추었다는 표현이 더 맞을 것 같습니다. 폼페이를 주제로 한 전시들은 화산 폭발의 압도적인 위력을 생생하게 보여 줍니다. 아이를 부둥켜안은 엄마, 서로 꼭 끌어안은 연인, 눈과 귀를 막고 엎드린 사람, 도망치다가 계단에 쓰러진 사람, 심지어 발버둥 치던 개와 말까지. 도시의 모든 것이 화산재에 덮여 박제되었습니다. 화산이 폭발할 때 뿜어져 나오는 용암은 물론이고, 폭우처럼 쏟아지는 뜨거운 화산탄과 화산재의 열기도 핵폭발에 비견될 만큼 위력적입니다. 그러니 대자연의 모든 생명체는 화산 폭발 앞에서 절망적인 두려움을 느낄 수밖에 없습니다.

그중에서도 화산이 토하는 붉은 용암은 단연코 압도적입니다. '뜨겁다'라는 형용사로는 그 어마어마한 에너지의 극히 일부도 표현할 수 없습니다. 용암에 닿는 순간 주변의 모든 것이 녹아내리니까요. 그러나 언제나 극적인 반전이 있기 마련입니다. 화산의 활동은 구석기인들에게 '흑요석obsidian'이라는 귀하디 귀한 선물을 안겨 주었습니다.

흑요석은 돌로 석기를 만들던 구석기인들에게 단연코 최상이자 최첨단의 소재였습니다. 오늘날 '산업의 쌀'이라고 일컫는 반도체를 만들기 위해 각종 첨단 소재들이 동원되듯이 구석기 시대에도 최고 수준의 기술을 구현하기 위해서는 그에 걸맞은 재료가 필요했습니다. 모든 석기 재료들 중에서 흑요석은 '타의 추종을 불허하는', '가장', '최고의', '절대적' 같은 수식어가 아깝지 않은 돌입니다. 흑요석을 화산 유리volcanic glass라고도 부릅니다. 유리처럼 경도는 낮지만 조직이 미세하고 치밀하기 때문이죠. 흑요석 파편의 절삭력은 현대의 수술용 칼인 메스에 뒤지지 않습니다. 실제로 흑요석으로 만든 일회용 메스를 외과 수술에 사용한 결과가 의학 전문지『웨스턴 저널 오브 메디신Western Journal of Medicine』에 소개되었습니다. 거기에는 혈관 수술 후 회복 속도가 우수해 향후 미세 수술 분야에서 흑요석 메스의 사용을 권장한다는 견해가 딸려 있습니다.

개인적으로 한동안 흑요석으로 석기를 만드는 실험에 몰두했습니다. 구석기인들과 동일한 조건으로 실험하려고 맨손으로 흑요석을 깨고 잔손질하다가 작은 조각에 찔려 피가 난 일이 부지기수입니다. 흑요석 파편에 찔린 줄도 모르고 있다가 붉은 핏방울이 뚝뚝 떨어지고 나서야 비로소 깨달았을 정도로 흑요석은 결정이 치밀하고 날의 단면이 날카롭습니다.

화산이 폭발할 때 반드시 용암이 분출되는 것도 아니고, 용암이 분출되었다고 해서 항상 흑요석이 형성되는 것도 아닙니다. 용암에 규소 성분이 다량 함유되어 있어야 하고, 또 결정 구조가 생기기 전에 용암이 급속히 냉각되어야 하는 등 여러 조건이 충족되었을 때 흑요석이 형성됩니다.

현재 우리나라는 백두산 일대에서, 러시아는 연해주 일대에서, 그리고 일본은 거의 모든 지역에서 흑요석이 채집됩니다. 그중에서도 백두산과 일본 홋카이도 시라다키白滝 지역이 크고 순도 높은 최상급 흑요석 생산지로 손꼽힙니다. 얼마 전 중국 옌볜조선족자치주의 허룽시 난핑南坪에서 발견된 길이 53센티미터, 무게 16.3킬로그램의 초대형 흑요석 돌날몸돌은 백두산 흑요석의 품질을 보여 주는 단적인 사례입니다. 몸돌로 가공하기 전의 원석은 훨씬 더 컸을 것입니다. 그렇게 크면서도 내부 조직은 고르게 치밀하고 불순물도 전혀 없어야만 돌날몸돌로 쓸 수 있었을 테니 단연코 최상의 품질입니다.

동관진(종성) ●
굴포리(웅기) ●

▲ 백두산

승리산 동굴(덕천) ●
● 원산
만달리
평양 ●
검은모루 동굴(상원) ●
장흥리(철원) ●
상무룡리(양구) ●
동현리(연천) ●
부평리(인제) ●
전곡리(연천) ●
춘천 ●
민락동(의정부) ● 화하계리(홍천) ●
늘거리(포천) ●
기곡(동해) ●
서울 ●
삼리(광주) ●
점말 동굴(제천) ●
포일동(의왕) ●
금굴(단양) ●
창내(제천) ●
수양개(단양) ●
두루봉 동굴(청주) ●
석장리(공주) ●
월성동(대구) ●
무거동(울산) ●
고례리(밀양) ●
장흥리(진주) ●
죽내리(순천) ●
부산 ●
사창
(화순) ● 대전
이금동(사천) ●
신북(장흥) ● (화순)

황해

동해

● 주요 도시
● 구석기 유적
● 흑요석이 발견된 구석기 유적

제주
생수궤

한반도의 주요 구석기 유적

흑요석에는 무엇이 들어 있을까?

흑요석은 원시 인류의 절대적인 사랑을 받았습니다. 그리고 현대의 고고학 연구자들에게도 변함없이 사랑을 받고 있습니다. 흑요석은 그 지역의 암석이 용암으로 녹았다가 다시 굳으며 만들어지기 때문에 성분 분석을 통해 생산지(어느 화산인지)를 확인할 수 있기 때문입니다. 원산지 확인의 과학적 원리는 의외로 간단합니다. 흑요석을 구성하고 있는 주요 성분은 지역별로 거의 차이가 없지만, 극히 일부 포함되어 있는 미량 원소—예컨대 루비듐Rb, 지르코늄Zr, 스트론튬Sr—들은 산지에 따라 큰 차이를 보입니다. 과거에는 흑요석을 빻아서 그 가루의 성분을 분석해야 정확한 결과를 얻을 수 있었습니다. 그런데 최근에는 과학 기술 발전에 힘입어 흑요석에 양성자 빔을 조사照射했을 때 돌이 방출하는 에너지를 분석하는 방법으로 성분을 밝힙니다. 이 과정을 통해 구석기 유적에서 발견된 흑요석의 원산지를 분석하면 수만 년 전 구석기인들의 활동을 상당히 정확하게 파악할 수 있습니다.

화산 지대가 아닌 곳에서 흑요석 석기가 발견되었다면 그것의 원산지를 분석해서 어디에서 어디로 어떻게 이동한 것인지 확인합니다. 흑요석은 화산 지대에서 만들어지는데, 화산과 멀리 떨어진 남한 지역의 구석기 유적에서도 흑요석으로 만든 도구가 꽤 많이 발견되었습니다. 주로 경기도와 강원도 일원에 집중되어 있고 경상남도 남부 지역에서도 나오는 등 지금까지 약 50개소 이상의 유적에서 흑요석 석기가 보고되었습니다. 흑요석의 이동 경로를 단순하게 정리하면 백두산에서 출발해 동해안을 따라 남부 해안 지역으로 왔다고 볼 수 있습니다. 여기에서 일부는 원산에서 서울로 이어지는 추가령 지구대를 따라 경기 북부와 그 남쪽으로 이동했을 것으로 추정합니다. 그러나 원산지 분석을 기반으로 한 흑요석의 이동과 교역에 대한 연구를 꾸준히 진행했음에도 아직은 확실한 경로를 파악하지 못했습니다. 휴전선에서 백두산에 이르는 공간이 연구가 불가능한 공백으로 남아 있기 때문입니다.

그럼에도 백두산 일대에서 형성된 흑요석이 한반도 남방으로 이동해 온 것은 분명합니다. 직선거리로 800킬로미터 넘게 떨어져 있는 남해안의 전라남도 장흥군 신북 유적에서 백두산 흑요석이 발견되었습니다. 뿐만 아니라 백두산에서 북쪽으로 1000킬로미터 이상 떨어진 시베리아 지역에서도 백두산 흑요석이 발견되었습니다.

바다를 건너 온 흑요석 구석기

보다 더 신기한 일은 일본 규슈九州 지역에서 만들어진 흑요석이 바다 건너 우리나라 남해안 지역의 유적에서 출토되었다는 사실입니다. 규슈의 고시타케腰岳는 한반도 남해안과 직선거리로 200킬로미터 이상 떨어져 있고 한반도와 일본 사이의 해협은 수심이 깊어서 가장 극심한 빙하기에도 다 얼지 않고 바다가 남아 있었다고 추정됩니다(225쪽 '빙하기의 고황허 유역' 지도 참조). 따라서 규슈의 흑요석이 한반도로 오기 위해서는 반드시 '배'가 필요합니다. 일본에서도 육지와 멀리 떨어진 섬에서 종종 본토에서 온 흑요석이 발견된 사례가 있습니다. 이 섬 또한 빙하기에도 육지와 연결된 적이 없습니다. 우리는 이와 같은 흑요석의 전파 양상을 통해 인류는 구석기 시대부터 배를 사용하였다고 추정할 수 있습니다.

당시의 사람들이 흑요석을 갖고 이동한 것인지 혹은 동아시아의 일정한 지역 범위 안에 흑요석을 교환하는 원시 교역 체계가 존재했는지, 또한 바다를 어떻게 건넜는지 등의 문제는 앞으로 연구자들이 더 밝혀야 할 과제입니다. 그러나 지금까지 찾은 증거들로 볼 때 구석기인들에게 흑요석이 얼마나 중요한 물건이었는지는 충분히 짐작할 수 있습니다.

한반도 안에는 백두산 외에도 흑요석을 채집할 수 있는 곳이 더 있었을 것으로 추정됩니다. 왜냐하면 우리나라 구석기 유적에서 발견된 흑요석 중에 원산지가 백두산이 아닌 것이 섞여 있기 때문입니다. 물론 백두산은 지금까지 여러 번 분화했고, 흑요석의 성분은 생성 시기에 따라 다를 수 있기 때문에 정확한 사실은 원산지 정보가 완벽하게 정리되어야 알 수 있습니다. 불과 얼마 전에도 새로운 백두산 흑요석의 성분 데이터가 추가되었습니다.

그럼에도 연구자들은 한반도 안에 제2의 흑요석 원산지가 존재할 가능성은 열어 두고 있습니다. 그중 한 곳은 민간인 출입 통제선(민통선) 안쪽 비무장 지대인 철원 오리산 부근이고, 중부 내륙 지역에서도 흑요석을 채집했다는 이야기가 있습니다. 철원의 오리산은 철원과 연천 일대를 뒤덮고 있는 거대한 용암대지를 만들어 낸 화산 분출구로 추정됩니다. 역시 남북 분단이 연구를 가로막고 있어서 안타까울 따름입니다.

호주의 원주민은 흑요석 가운데 석영 결정체가 흰 눈송이처럼 박힌

눈꽃 흑요석

'눈꽃 흑요석snowflake obsidian'이 여행자의 안전을 지켜 준다고 믿습니다. 호주 원주민은 흑요석을 몸에 지니고 먼 거리를 여행해 온 구석기인들의 후손이므로 그들의 믿음은 오래전 조상들로부터 전해졌을지도 모릅니다. 여행을 좋아한다면 호주 원주민처럼 반짝이는 흰 점이 박힌 눈꽃 흑요석 한 조각을 소장해 보는 게 어떨까요?

인류 최초의
패션쇼

인류는 언제부터 옷을 입었을까?

우리는 매일 아침마다 그날 입을 옷을 고릅니다. 오늘은 뭘 입지? 저는 지금도 옷장 앞에서 잠시 동안 망설입니다. 페이스북의 CEO 마크 저커버그처럼 똑같은 옷을 여러 벌 갖추어 놓고 입을까라고 생각해 본 적도 있습니다. 저는 평소에 옷을 잘 차려입는 편이 아닙니다. 선택지라고 해 봐야 바지 몇 벌과 셔츠 대여섯 벌이 전부인데도 늘 정하는 게 어렵습니다.

인간이 어떤 옷을 입을지 고민하게 된 것은 아무래도 우리 몸에서 털이 없어진 뒤일 것입니다. 이후 언젠가 '옷'이 생겼고 그때부터 고민도 시작되었습니다. 그런데 우리 몸에서 털이 사라진 건 언제쯤일까요? 우리 몸, 특히 머리카락에 기생하는 머릿니와 고릴라로부터 인간에게 옮겨 와 지금은 주로 생식기 주변에 기생하는 사면발니의 유전자를 분석한 결과 최소한 인류가 호모 에렉투스로 진화하기 전에 털이 사라진 것으로 추정됩니다.

그렇다면 또 하나 궁금한 것이 있습니다. 진화 과정에서 털이 사라진 것은 털이 없는 게 생존에 유리했기 때문일 텐데, 포유류의 일원인 인간에게 왜 털이 필요 없어진 것일까요? 직립 보행을 시작한 후 효과적으로 체온을 조절하기 위해서였다는 설명도 있지만, 명쾌한 정답은 아직 찾지 못했습니다. 좀 더 연구가 진전되기를 기다려야 할 것 같습니다.

이제부터는 털이 없어지기 시작한 인간에게 일어난 일을 이야기해 보겠습니다. 털의 기능 중 가장 중요한 것은 체온 유지입니다. 그렇다면 질문을 조금 바꿔 보겠습니다. 우리 몸에서 털이 없어진 것이 먼저일까요, 인간이 옷을 입기 시작한 것이 먼저일까요. 우리 몸에서 털이 없어지는 진화가 적어도 지금으로부터 300만 년 전에 시작되었다는 것을 떠올린다면 옷이 나중에 생겼다고 보는 쪽이 더 타당할 듯싶습니다. 300만 년 전의 인류, 즉 오스트랄로피테쿠스는 아프리카 대륙에서 살고 있었으니 체온 유지를 위한 옷이 필요하지 않았을 것입니다. 있었다고 해도 생식기를 비롯한 신체의 극히 일부만 가리는 정도였을 것이고요. 주인공이 열대 우림을 종횡무진 뛰어다니던 영화 〈타잔〉의 한 장면을 떠올리면 비슷할 것 같습니다. 그런데 약 180만 년 전 출현한 호모 에렉투스의 시대가 되자 상황이 달라졌습니다. 그들은 아프리카 대륙을 벗어나 아시아로 이동했습니다.

아프리카를 벗어난 인류에게 필요한 것은?

호모 에렉투스의 화석이 발견된 곳 중에서 우리나라와 가장 가까운 장소는 중국 베이징원인 유적(베이징 팡산구 저우커우뎬)입니다. 베이징의 위도는 북한의 신의주와 비슷하고, 21세기를 기준으로 하면 1월 평균 최저 기온은 영하 8도 정도입니다. 이곳에서는 아무리 불을 피운다고 해도 맨몸으로 겨울을 버티기 어렵습니다. 그러니 틀림없이 몸에 무엇인가를 걸쳤을 텐데, 안타깝게도 참고가 될 만한 유물이 발견되지 않았습니다. 뒤를 이어 출현한 네안데르탈인은 유럽과 시베리아 지역에 주로 거주했습니다. 그들이 살던 시기에 지구는 빙하기, 특히 추위가 가장 매서웠던 마지막 빙하기였습니다. 거주 지역이 사계절의 기후 변화가 심한 중위도 지역인 데다가 생존 시기는 대체로 빙하기였으니 네안데르탈인들은 분명 옷을 입었을 것입니다. 어쩌면 아주 두툼한 털옷이었을지도 모릅니다. 그러나 역시 당시 인류의 복장을 떠올릴 수 있는 유물이 거의 없어서 추측만 할 뿐입니다.

민족지 연구에 따르면 지금도 원시와 비슷한 생활을 유지하고 있는 부족들은 동식물 재료를 두루 활용하여 옷을 만든다고 합니다. 그러나 지구 북반구의 중위도 지역에서는 겨울에 입을 옷을 만들 식물 재료를 구하기 어렵습니다. 결국 털이 풍성한 동물 가죽을 손질해서 옷을 만들어야 합니다. 그런데 동물 가죽을 그냥 말리면 꼭 육포처럼 빳빳해집니다. 옷으로 가공하려면 가죽을 부드럽게 하는 '무두질'을 반드시 거쳐야 합니다. 고고학자들은 수많은 구석기 유물 가운데 밀개를 가죽 손질용 도구로 추정하고 있습니다. 호모 에렉투스나 네안데르탈인의 유적에서도 밀개가 발견되었는데, 이것만으로는 고인류의 의복을 상상하기에 충분치 않습니다. 유기물인 동물의 가죽이 시간의 흐름 속에서 모두 썩고 단 한 점도 남아 있지 않아서 아쉬울 따름입니다.

복잡하고 일관된 과정의 의미

반면 호모 사피엔스들은 꽤 많은 유물을 남겼습니다. 특히 옷과 관련해서는 그들의 의생활을 재구성할 수 있을 정도로 구체적인 자료가 남아 있습니다. 신체 부위를 중심으로 위에서부터 살펴볼까요. 먼저 머리입니다. 빌렌도르프Willendorf 비너스, 코스텐키Kostenki 비너스, 브라상푸이Brassempouy 비너스, 말타Malta 비너스 등 호모 사피엔스가 만든 구석기 시대 비너스 조각상의 머리 부분에는 머리카락을 묘사했다고 보기에는 뭔가 확연히 다른 패턴이 있습니다. 그중에 브라상푸이 비너스는 머리에 그물처럼 격자무늬로 된 망을 쓰고 있는 게 아닐까 하는 추측을 하게 합니다.

이탈리아 카비용Cavillon 동굴에서 발견된 호모 사피엔스 성인 여성의 무덤에서 출토된 유물을 보면 생각이 좀 더 확실해집니다. 많은 양의 조가비와 사슴 송곳니가 여성의 두개골 표면에 다닥다닥 붙어 있었습니다. 그리고 한쪽 끝을 뾰족하게 깎은 비녀처럼 긴 뼈 조각품도 근처에 있었습니다. 이탈리아의 아렌 캉디드Arène Candide 무덤에서도 머리 부분에 조가비가 수북하게 쌓여 있었고, 그로트 데장팡Grotte des Enfants 무덤에서도 소량의 조가비가 발견되었습니다. 그런데 이 단락에서 예로 든 세 동굴 모두 이탈리아에 있는데 이름은 프랑스어입니다. 동굴이 두 나라의 국경 근처 바닷가에서 발견되었고, 이후 프랑스 고고학자들의 주도로 연구가 진행되면서 프랑스어 이름으로 국제 학계에 보고되었기 때문이라고 합니다.

이처럼 일관된 자료들을 근거로 구석기 시대를 재구성하면, 호모 사피엔스는 머리에 조가비나 사슴 송곳니로 장식된 그물망 쓰개를 착

머리카락에 격자무늬를 새긴 브라상푸이 비너스

용하고 그것이 흘러내리지 않도록 핀이나 뒤꽂이로 고정했던 풍습이 보입니다. 상상해 볼까요? 수만 년 전 어느 원시의 바닷가에서 한 여성이 조가비를 주웠습니다. 그는 집에 돌아와 조갯살은 맛있게 먹은 후 깨끗하게 손질한 조가비 수십 개를 그물망에 촘촘하게 매달아 예쁜 머리 장식 쓰개를 만듭니다. 그것을 머리에 쓴 후 뼈 비녀를 꽂아 머리카락에 단단히 고정합니다.

어떤가요, 여러분이 상상했던 원시 시대의 모습과 비슷한가요. 쓰개에 달린 사슴의 송곳니는 사슴 한 마리를 사냥할 때마다 두 개씩 생기니까, 머리쓰개 하나를 만들기 위해 10여 마리 이상의 사슴을 잡아서 송곳니를 뽑고 일일이 구멍을 뚫었다는 이야기입니다. 이런 장신구를 우연히 만들었다고 생각하기에는 세계 여러 지역에서 복잡하고 일관된 '제작 과정'을 공유하는 머리쓰개가 발견되었습니다.

원시 인류가 남긴 각양각색 옷의 흔적

머리 장식 이야기는 이쯤에서 멈추고 다음으로 넘어가겠습니다. 호모 사피엔스는 어떤 옷을 입었을까요? 우리는 비너스 조각에서 머리쓰개뿐 아니라 옷으로 짐작되는 표현도 찾을 수 있습니다. 가장 뚜렷한 것은 러시아의 부레트Buret 유적에서 나온 비너스입니다. 가늘고 길게 표현한 신체에 요즘 유행하는 롱패딩을 입은 것처럼 굵은 음각선이 또렷합니다. 또 다른 비너스는 굵은 물방울무늬가 온몸을 감싸고 있습니다. 이런 문양이 얼굴을 제외한 머리부터 발끝까지 전신을 온통 덮고 있는데, 온몸을 두르는 두꺼운 털옷을 표현한 것으로 추측합니다. 털옷 없이는 인간이 생존하기 어려운 시베리아 바이칼호 근처의 말타 유적에서도 부레트 유적과 비슷한 비너스가 발견되었습니다. 시베리아의 호모 사피엔스들은 수백 마리의 매머드mammoth를 사냥해서 그 뼈로 집을 지었습니다. 그런 만큼 매머드 가죽 또한 풍부했을 것입니다. 이들은 털이 치렁치렁한 매머드 가죽 롱코트를 입고 흰 설원을 누볐을 것입니다.

코스텐키 비너스도 당시 인류의 흥미로운 의생활을 보여줍니다. 러시아에서 발견된 이 비너스상의 상체에는 옷의 일부로 보이는 끈 장식이 표현되어 있습니다. 목만 감싸고 있었다면 목걸이로 볼 수 있겠지만, 양쪽 가슴 위를 지나 등 뒷부분까지 완전히 덮고 있습니다. 어쩌면 홀터넥 원피스나 혹은 그와 비슷한 옷을 표현한 것이 아닌지 모르겠습니다. 프랑스의 레스퓌그Lespugue 비너스는 엉덩이 아래로 길고 두툼한 무엇인가 내려와 있습니다. 어떤 연구자들은 이것을 치마라고 추

레스퓌그 비너스

단단한
고고학

정합니다. 또 춤추는 사람들을 표현한 듯한 독일 괴네르스도르프Gön-nersdorf의 석판 그림에도 온몸에 옷처럼 보이는 음각선이 촘촘하게 그어져 있습니다.

알프스에서 발견된 '외치'는 약 5000년 전 신석기 시대의 성인 남성 사냥꾼입니다. 옷을 입은 채로 발견되어서 실물로는 가장 오래된 선사인의 옷을 볼 수 있게 되었습니다. 외치는 곰 가죽으로 만든 모자를 쓰고 염소 가죽으로 만든 코트와 바지를 입고 있었습니다. 그리고 그 위에 풀로 엮은 망토를 걸쳤습니다. 이것이 신석기 시대 사냥꾼의 실제 복장이며 구석기 시대에도 이와 유사한 옷을 입었을 것이라고 짐작합니다. 그런데 구석기 시대 호모 사피엔스들도 옷이 여러 벌 있어서 아침마다 어떤 옷을 입을지를 고민했을까요?

슴베찌르개,
한반도 최초의 해외 수출품

미션. (가공하기) 좋은 돌을 찾아라!

　사회 수업 시간에 우리나라는 원재료를 수입해서 가공 후 상품을 수출하는 가공 무역이 발달했다고 배웠을 것입니다. 천연자원이 부족하지만 기술력은 뛰어났기 때문입니다. 저는 어렸을 때 학교에서 이 내용을 배우고 우리나라의 자원 사정이 안타까웠고, 혹시 통일이 되면 자원이 늘어나지 않을까 기대했습니다. 그러면서도 기술은 뛰어나니 다행이라고 생각했습니다. 그런데 나중에 구석기 시대를 연구하다가 똑같은 생각을 하게 되었습니다. 돌로 도구를 만들던 구석기 시대부터

단단한
고고학

한반도는 자원이 부족한 지역이었습니다.

구석기 시대의 뗀석기 중 일반인에게 가장 유명한 도구는 단연코 주먹도끼입니다. 이름 때문에 주먹으로 쥐고 도끼처럼 내려찍는 도구라고 오해하는 경우가 많은데, 실은 한쪽 끝만 뾰족하고 전체 형태는 타원에 가까우며 좌우는 대칭에 둘레를 모두 날카롭게 다듬은 다기능 도구입니다. 살이 통통하게 오른 넙치를 떠올리면 그 형상을 상상할 수 있습니다. 그런 모양으로 만들려면 돌의 전면을 꼼꼼하게 다듬어서 납작하게 해야 합니다. 그렇게 계획한 모양처럼 돌을 깨기 위해서는 무조건 '의도한 대로 깰 수 있는 돌'이 있어야 합니다. 기술이 아무리 뛰어나도 질이 나쁜 돌을 사용하면 가공 과정에서 의도한 것과 다르게 부서지거나 쪼개지는 경우가 다반사입니다. 구석기 유적들이 가공하기 좋은 돌이 풍부한 지역에 집중되어 있는 이유가 여기에 있습니다.

한반도에서 석기를 만들 때 가장 흔하게 사용한 돌은 석영과 규암입니다. 구석기인들은 수십 수백 세대에 걸쳐 이 돌 저 돌을 사용하여 도구를 만들었고 그 과정을 통해 석영과 규암을 골랐습니다. 그런데 뗀석기를 조금 더 자세히 관찰하면 언제든지 쉽게 만들어서 사용하는 일상 도구(예컨대 모양은 천차만별이지만 날만큼은 일정하게 다듬은 긁개)와 당시 최고의 기술력을 투입한 도구(예컨대 주먹도끼)를 서로 다른 돌로 만들었다는 사실을 발견할 수 있습니다. 우리는 흔히 석영과 규암을 묶어서 '차돌'이라고 부르지만, 엄밀히 이야기하면 두 돌은 성질이 다릅니다. 구석기인들은 꽤 이른 시기부터 강가에서 석영을 채집했습니다. 강바닥을 굴러오며 표면이 매끈해진 석영은 맨손으로 안전하게

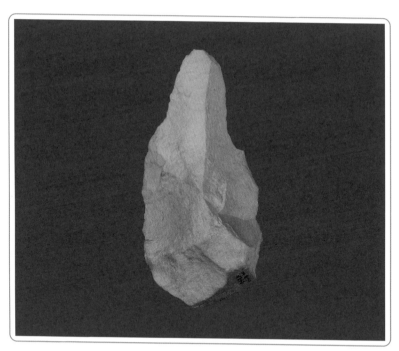

경기도 연천군에서 출토된 구석기 시대 주먹도끼

경기도 남양주시에서 출토된 석영으로 만든 구석기 도구

단단한
고고학

사용할 수 있는 석재였습니다. 석영은 그 자체로 결정질 광물이기 때문에 돌망치로는 원하는 모양으로 가공하기 어렵습니다. 돌이 의도한 대로 깨지지 않고 제멋대로 부서집니다. 그렇지만 워낙 단단하고 깨진 조각이 날카롭기 때문에 큰 돌을 대충 깨트린 뒤에 쓸 만한 조각을 골라서 생활 도구로 사용할 수 있습니다. 무엇보다 주변에 풍부한 돌이 있었기 때문에 언제든 재료로 활용할 수 있었습니다.

반면에 규암은 사암이 변성 작용(암석의 조직 성분이 열과 압력 등에 의하여 물리적·화학적으로 재구성되는 작용)을 거쳤기 때문에 석영만큼 결정이 뚜렷하지 않습니다. 즉 기술만 뒷받침된다면 원하는 모양으로 가공할 수 있습니다. 그래서 한반도의 인류는 일찍부터 주먹도끼처럼 형태가 일정한 석기를 만들 때 주로 규암을 이용했습니다.

그럼에도 불구하고 좋은 석재가 풍부한 아프리카와 유럽 지역의 구석기 주먹도끼에 비하면 한반도에서 나온 규암 주먹도끼는 선이 굵고 세공도 투박합니다. 재료로 인한 한계라고 볼 수 있습니다. 그 때문에 일부 비판적인 시각을 가진 연구자들은 한반도에서 발견된 주먹도끼는 진정한 주먹도끼가 아니라고 평가절하합니다. 물론 저는 그 의견에 동의하지 않습니다. 이런 평가는 고대 그리스의 대리석 조각의 섬세한 질감을 놓고 한반도의 화강암 조각은 투박하다고 비교하는 것과 다르지 않습니다. 대리석은 망치 없이 끌만으로도 조각할 수 있을 정도로 무릅니다. 선 한 줄을 만들기 위해 수없이 쇠망치질을 해야 하는 화강암과 예술적 수준을 비교할 수 없습니다. 상대적 가치를 간과한 채 서로 다른 문화를 비교하는 견해를 우리는 편견이라고 부릅니다.

속보! 한반도 최초의 기술 수출품 탄생

우리나라 남부 지역에는 도구로 가공하기에 꽤 좋은 품질의 혼펠스와 셰일, 응회암 등이 분포하고 있습니다. 이것들을 묶어서 '무른 석재'라고 부르겠습니다. 무른 석재는 단단한 규암에 익숙한 사람들에게 인기가 없었을 것입니다. 그래서 주먹도끼가 유행하던 전기 구석기 시대 지층에서는 무른 석재로 만든 석기가 거의 발견되지 않습니다. 그러나 호모 사피엔스가 돌날 기술을 발명하면서 무른 석재의 가치가 급상승했습니다. 전라남도 순천시 죽내리 유적, 대전광역시 용산동 유적, 경상남도 밀양시 고례리 유적, 대구광역시 월성동 유적 등에서 무른 석재로 만든 돌날이 쏟아져 나왔고, 그 돌날을 가공한 여러 종류의 석기도 함께 발견되었습니다. 그중 유독 연구자들의 눈길을 끈 것이 '슴베찌르개tanged point'입니다. 이것은 손잡이, 혹은 자루와 연결할 수 있는 짧은 꼭지(슴베)가 달린 창끝입니다. 나무 자루에 슴베찌르개를 연결하는 순간 위력적인 사냥용 창으로 변신하지요.

슴베찌르개가 처음 탄생한 곳은 한반도 중남부 지역으로 추정됩니다. 이후 주변으로 전파되어서 현재 남쪽으로는 바다 건너 일본의 규슈, 북쪽으로는 러시아의 블라디보스토크에 이르는 꽤 넓은 지역에서 슴베찌르개가 발견됩니다. 사용 지역의 확장은 곧 사냥용 창으로서 슴베찌르개의 우수성을 보여 주는 증거입니다. 분포 범위가 남북으로 거의 1500킬로미터에 이르는, 대단히 넓은 지역에서 사용되었습니다.

그런데 여기에도 흥미로운 점이 있습니다. 한반도에서 멀리 떨어진 규슈와 블라디보스토크에서 발견된 슴베찌르개도 전부 다 혼펠스 계통의 돌로 만들었다는 것입니다. 슴베찌르개는 반드시 이 재료로 만들어야 한다는 불문율이 있었나 봅니다. 그렇지 않고서야 혼펠스를 고집할 필요가 없는 게, 일본 규슈나 러시아 블라디보스토크 일대에는 더 좋은 석재가 많기 때문입니다. 특히 이 일대에서 많이 사용한 흑요석은 혼펠스와 비교할 수 없을 정도로 좋은 재료입니다. 그런데도 슴베찌르개는 무조건 혼펠스로 만들었다는 게 신기하지 않나요? 이 지역에서는 혼펠스를 찾는 게 훨씬 어려웠을 텐데, 왜 이런 현상이 생겼을까요?

몇 가지 경우의 수를 생각할 수 있습니다. 먼저 한반도 중남부 지역에서 슴베찌르개를 처음 만든 사람들이 기후 변화에 따라 슴베찌르개를 갖고 이동했다는 설이 있습니다. 제작 기술이 확산되는 과정에서 기술뿐 아니라 원래의 재료까지도 그대로 따르려고 했다는 설도 있습니다. 마지막은 우리나라 중남부 지역의 사람들이 슴베찌르개를 다른 지역의 사람들과 물물 교환했다는 것입니다.

이 중에서 두 번째 가설은 다른 기술이나 석기의 전파 사례를 참고했을 때 그런 일이 일어났을 가능성은 희박합니다. 인류가 발명한 거의 모든 기술과 도구는 전파되고 확산되는 과정에서 각 지역의 자원 환경과 관습에 적응했습니다.

첫 번째 가정 또한 설득력이 부족합니다. 이 가정에서는 당시의 사람들이 무려 1500킬로미터를 왔다 갔다 해야 합니다. 구석기인은 이동 생활을 했지만, 북쪽(블라디보스토크)과 남쪽(규슈)으로 동시에 이동하지는 않았습니다. 그들은 계절의 변화나 사냥감을 따라서 일정한 범위를 순환 이동했으므로, 바다를 건너 남북으로 1500킬로미터나 이동했을 가능성은 희박합니다. 특히 수렵민은 자신의 생활 영역을 지키려는 의지가 강합니다. 그러니 다른 공동체와의 분쟁을 피하기 위해서라도 낯선 곳으로 가지는 않았을 것이라고 추정합니다. 만약 경계를 넘어 미지의 지역에 당도했다 하더라도, 그곳에 더 좋은 재료가 있다면 원래의 재료를 고집할 이유가 없습니다.

그런데 인류가 슴베찌르개를 사용한 약 4만 년 전부터 2만 년 전 사이의 시기는 역사상 가장 혹독했던 빙하기입니다. 아마도 이 시기에 일부 수렵민들이 사냥감을 쫓아서 이동했을 가능성이 있습니다. 특히 호모 사피엔스의 석기는 크기가 작아서 휴대가 편리했기 때문에 수렵민의 이동 생활에 알맞은 도구였습니다. 그들 중 일부는 추위를 피해 남쪽으로 이동했을 것이고, 또 다른 일부는 기온이 상승하는 시기에 북쪽으로 이동하였을 것입니다. 이와 같은 조건에 특정한 석재의 사용을 고집하는 석기 제작 문화가 존재했다면 어느 지역에서든 똑같은 재료로 슴베찌르개를 만들고자 했을 수 있습니다.

이제 마지막 가정, 물물 교환의 가능성을 따져 볼 차례입니다. 과연 구석기 시대에 물물 교환과 같은 교역 시스템이 존재했을까요? 대답은 '가능하다'입니다. 물론 그들이 물물 교환을 했다는 증거는 남아 있지 않으니 '반드시 그렇다'라고 확신할 수는 없습니다. 다만 전 세계에서 흑요석과 조가비가 원산지에서 수백 킬로미터 떨어진 곳에서 발견된 사례가 보고되고 있는데요, 고고학자들은 이것에서 교역의 가능성을 추적하고 있습니다.

충청북도 단양군 수양개 유적에서 출토된 다양한 크기와 형태의 슴베찌르개

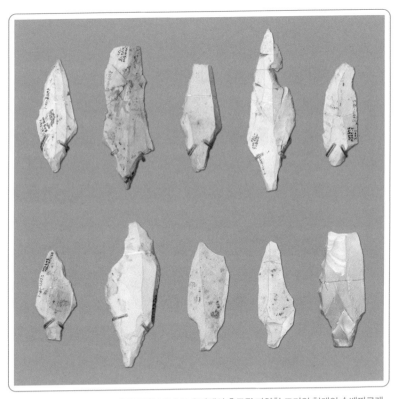

대전광역시 용호동 유적에서 출토된 다양한 크기와 형태의 슴베찌르개

그래서 결론은 무엇이냐고요? 지금까지 설명한 가설들이 조금씩 다 맞을 수도 있고 아예 틀렸을 수도 있습니다. 그러니 저는 앞으로도 '사실에 조금 더 다가가기 위하여 열심히 연구에 매진하겠다'라는 약속을 하겠습니다.

슴베찌르개는 돌날 기술을 바탕으로 탄생한 사냥용 창입니다. 시간적으로는 지금으로부터 대략 4만 년에서 3만 5000년 전에 발생한 도구로, 한반도에서 만들어진 물건들 가운데 가장 먼저 한반도 바깥으로 전파된 구석기 도구일 듯합니다. 만약 우리나라에 무역을 주제로 한 박물관이 생긴다면, 그 맨 앞자리에는 당당히 슴베찌르개가 놓여도 좋겠습니다.

인간은 언제나 아름다움을 찾는다

피카소의 장탄식

세기의 거장으로 불리는 파블로 피카소Pablo Picasso는 1939년 어느 날 스페인의 알타미라Altamira 동굴에서 벽화를 마주하고는 "알타미라 이후 모든 예술이 퇴보했다"라고 탄식했습니다. 알타미라 동굴 벽화는 무려 1만 4000년 전 구석기인들이 그린 그림입니다. 잔뜩 헝클어진 머리에 누더기를 기워 입고 한 손엔 돌망치를, 다른 한 손엔 뼈다귀를 들고 있을 것만 같은 '원시인'이 그린 그림이죠. 그런데 그 그림을 보고 피카소가 저런 말을 했다고 하니 진위가 의심스럽기도 합니다. 어쩌면 위대한 문화유산을 목격한 예술가의 의례적 헌사라고 생각할 수도 있습니다.

그런데 나중에 피카소가 그린 〈황소 연작〉은 그 묘사가 알타미라의 황소와 흡사합니다. 이렇게 본다면 그의 말은 진심이 아니었을까요? 저는 〈황소 연작〉이 알타미라 동굴 벽화를 그린 원시인들에 대한 오마주였을 것이라고 짐작합니다.

대표적인 구석기 시대 동굴 벽화로는 프랑스의 쇼베Chauvet 동굴과 라스코Lascaux 동굴, 스페인의 알타미라 동굴 벽화를 꼽을 수 있습니다. 물론 더 많은 벽화가 있지만 제가 특히 좋아하는 그림만 꼽았습니다. 셋 중에서는 쇼베 동굴 벽화가 가장 이른 시기의 작품입니다. 제작 연대가 무려 3만 2000년 전으로 추정됩니다. 초기 작품답게 흑백으로 채색되었습니다. 아직까지 다양한 색의 안료를 만들기 전이었을

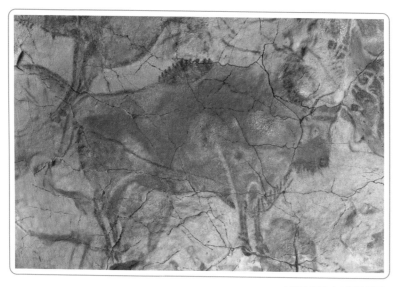

스페인 알타미라 동굴 벽화

것입니다. 그렇지만 거대한 벽면을 사자 무리에게 쫓기는 코뿔소 떼로 채운 벽화는 마치 대지가 울리는 것 같은 운동감을 생생하게 전달합니다. 심지어 그림을 보고 동물들의 발굽이 일으킨 흙먼지가 콧속으로 훅 들어오는 것 같다고 표현한 사람이 있을 정도입니다. 저는 이 그림을 작은 도록에서 봤지만, 그것만으로도 실감 나는 분위기에 압도당했습니다. 흑백의 농담으로 생생한 입체감을 표현한 구석기인들의 그림

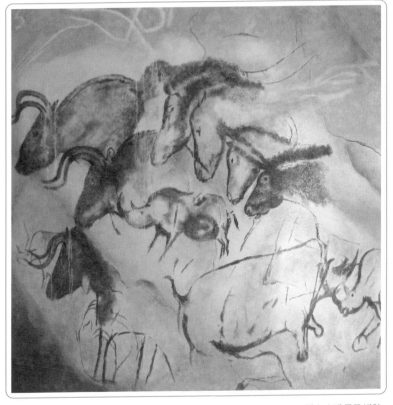

프랑스 쇼베 동굴 벽화

실력에 감탄이 절로 나옵니다.

때때로 사람들에게 쇼베 동굴 벽화 사진을 보여 주곤 하는데요, 이때의 반응은 정확하게 둘로 나뉩니다. 자신이 가지고 있던 '원시 시대'에 대한 편견을 깨트리는 사람이 있는가 하면, 반대로 그게 정말로 구석기 시대의 그림이 맞느냐고 의심하는 사람도 있습니다. 후자의 경우는 뭘 보여 줘도 믿지 못하는 사람들이니 저도 더는 도리가 없습니다.

벽화 속 동물과 기호의 의미

라스코와 알타미라 벽화는 1만 7000년에서 1만 4000년 전 사이에 제작되었습니다. 이제는 안료가 다양해져서 흑과 백 이외에 강렬한 붉은색과 갈색, 노란색이 보입니다. 그림 속 동물 한 마리 한 마리가 마치 살아서 튀어나올 것처럼 사실적입니다. 특히 알타미라 동굴 천장을 가득 메운 들소들은 전체 공간을 입체적으로 파악한 뒤에 개별 요소를

프랑스 라스코 동굴 벽화

단단한
고고학

감각적으로 배치한 초대형 작품입니다. 이곳을 미켈란젤로Michelangelo Buonarroti의 〈천지창조〉에 견주어 구석기 시대의 '시스티나Sistina 성당'이라고 부를 정도이지요.

그런데 원시의 화가들은 벽 한쪽에 손도장을 찍어서 자신의 존재를 기록한 것 같습니다. 그들에게 '자아自我'에 대한 개념이 싹튼 것일까요. 일단 그리면 다시 고치기 힘든 벽화의 특성을 감안한다면, 이들은 한 번의 터치로 완벽하게 사물을 묘사할 수 있는 '전문 화가'였습니다. 신성한 장소에 그림 그리도록 허락받은 누군가가 있었고, 그들이 소속 공동체의 가치관과 세계관, 혹은 신화를 동굴 벽에 그렸을 것입니다.

과거에는 벽화에 그린 동물은 '사냥의 성공'을 기원한 흔적이라고 해석했는데, 연구가 발전하면서 구석기인의 사냥감과 벽화 속 동물이 서로 다른 종이라는 사실을 알게 되었습니다. 찬찬히 들여다보면 벽화는 다양한 동물과 사람, 반인반수의 형상, 그리고 의미를 알 수 없는 기하학적 기호로 가득 차 있습니다. 원시 인류가 깊고 어두운 동굴 벽에 무엇을 말하려 했는지 그 속마음이 궁금합니다.

그림을 넘어 조각과 음악으로 확장된 원시 예술

그림은, 그래요. 아주 쉽게 말해서 벽에 선을 쓱쓱 그으면 그만이니까 '원시 인류도 대단했군!'이라고 감탄하며 고개를 끄덕일 수 있습니다. 그런데 그게 전부가 아닙니다. 놀랍게도 구석기인들은 조각품도 만들었습니다. 프랑스 튀크 도두베르Tuc d'Audoubert 동굴로 가 볼까요? 그곳에는 진흙으로 빚은 들소가 있는데, 1만 4000년 전의 작품이

라고는 도저히 믿기 어려울 정도로 아름답습니다. 50센티미터 길이의
반부조인데, 암수 한 쌍의 들소가 바위에 비스듬히 기대어 서 있습니
다. 들소의 세부 특징을 간략하지만 정확하게 표현했고, 조각을 한 뒤
에 물로 표면을 다듬어서 매끈하게 만들었습니다. 그러면서도 뿔이나
발굽은 그대로 두어 거친 질감을 살렸습니다. 부조 근처에는 진흙 바
닥에 어지러이 찍힌 사람 발자국이 남아 있습니다.

그날의 장면을 한번 상상해 볼까요. 어두운 동굴 속. 벽에 부딪쳐 메
아리치는 목소리들. 흙을 나르고 다듬는 조심스러운 손길. 일렁이는
불빛. 벽에 어른거리는 그림자. 이런 분위기 속에서 들소 조각은 점점
더 살아 움직이는 것처럼 보였을 것입니다.

또 하나의 유명한 부조가 있습니다. 2만 5000년 전에 만든 프랑스

프랑스 튀크 도두베르 동굴의 들소 부조

단단한
고고학

로셀Laussel의 비너스입니다. 이 석상은 석회 동굴 입구 벽면에 새겨져 있었는데, 풍만한 여성이 오른손에는 뿔처럼 생긴 물건을 들고 왼손은 배 위에 올려놓았습니다. 연구자들은 여성의 시선이 오른쪽 뿔을 바라보고 있는 점으로 미루어 뿔이 중요한 뭔가를 상징한다고 추측합니다. 이 석상을 임신한 여성으로 보는 연구자들은 그것이 풍요와 다산을 소망한다고 해석하지만, 정확한 의미를 단언할 수는 없습니다.

풍만한 여성을 표현한 비너스 중에서 가장 유명한 유물은 오스트리아 빌렌도르프의 비너스입니다. 약 2만 3000년 전의 작품으로 역시 석회암 재질입니다. 이 비너스는 인물의 뒷모습까지 완벽하게 조각한 환조입니다. 풍만하게 표현한 몸에 비하면 두 팔은 굉장히 가늘게 만들었는데요, 어쩌면 조형미를 위해 팔을 과감하게 축소한 것인지도 모르겠습니다. 조각의 크기는 10센티미터 남짓해서, 이처럼 정교한 조각상을 왜 만들었는지 궁금증을 자아냅니다. 다만 가슴과 성기를 뚜렷하게 표현한 것을 보고 '임신과 출산'에 관한 특별한 함의를 담았다고 짐작하는 정도입니다.

좀 색다른 비너스도 있습니다. 말타의 비너스로 불리는 일련의 조각들은 날씬하다 못해 야위어 보입니다. 그리고 몸 전체에 옷을 걸친 것 같습니다. 우리는 이것을 전부 비너스라고 부르지만, 옷을 입은 작품도 전부 여성을 표현한 것일까요? 어쩌면 남성일 수도 있습니다. 왜냐하면 희귀하긴 해도, 분명 남성을 표현한 조각도 있기 때문입니다. 체코의 브르노Brno 유적에서 발견된 상아로 만든 남자 조각상에는 성기가 뚜렷하게 표현되어 있습니다.

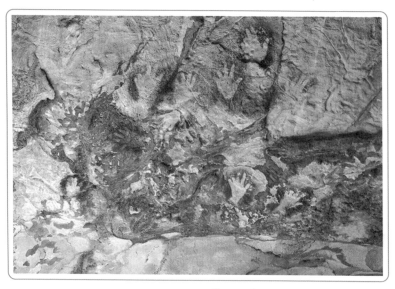

프랑스 코스케Cosquer 동굴 벽화 속 손바닥 도장

로셀 비너스

빌렌도르프 비너스

단단한
고고학

원시 세계의 메타버스

구석기인들의 예술은 회화와 조각에서 그치지 않고 음악에도 닿았습니다. 그들이 악기를 만들었다면 그것은 어떤 종류이든 인류의 가장 오래된 악기입니다. 시작은 타악기의 일종이었을 가능성이 크지만 아직 유물로 확인되지는 않았습니다. 현재까지 알려진 가장 오래된 악기는 입으로 부는 관악기입니다. 독일 휠러펠스Höhle Fels 동굴에서 속이 빈 독수리 날개 뼈에 구멍을 뚫어 만든 3만 5000년 전의 피리가 나왔습니다. 발견된 유물의 길이는 22센티미터 가량이고, 다섯 개의 구멍이 남아 있으니 최소한 5음계 이상을 낼 수 있었을 것입니다. 프랑스의 라로크la Roque 유적에서는 휠러펠스의 피리보다 조금 작고 구멍은 네 개를 뚫은 피리가 발견되었습니다. 2만 년 전에 만든 이 피리는 입을 대고 바람을 부는 취구吹口까지 남아 있어서 지금도 바람을 불면 음악이 흘러나올 것 같습니다.

구석기 시대의 동굴 속 그림과 조각, 그리고 그들의 삶의 터전에서 발견된 악기들을 '예술'이라는 현대 용어로 통칭할 수 있습니다. 그러나 우리가 생각하는 예술의 의미와 구석기 시대 예술의 의미는 다를지도 모릅니다. 현대의 사고 체계로 원시 예술의 기원과 의미를 밝히려는 시도는 영원히 실패할지도 모릅니다. 그럼에도 고고학자들이 원시 예술을 이해하려고 끊임없이 노력하는 까닭은 거기에 그들의 생각이 담겨 있다고 믿기 때문입니다. 만약 예술의 기원을 알게 된다면 그동안 알고 있던 신화와 전설의 해석이 완전히 바뀔 수도 있습니다.

환경에 적응하고 먹고사는 일 자체로도 고단했을 것만 같은데, 그

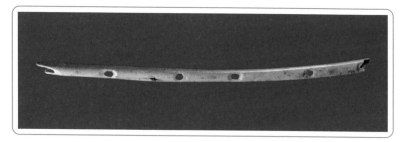

독일 휠러펠스 동굴의 피리

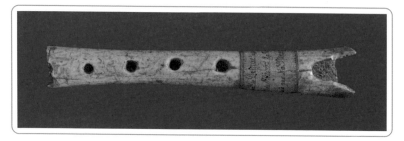

프랑스 라로크의 피리

럼에도 그들이 그림과 조각, 음악을 만든 이유는 무엇일까요? 인간에게 예술은 대체 어떤 의미였을까요? 지금은 회화, 조각, 음악 등으로 장르를 구분하지만 당시에는 모두 한데 섞여 꿈틀대는 그 '무엇'이었을 것입니다. 그 꿈틀거림이 혈연을 기반으로 모인 20~30명 남짓한 집단의 관계를 더욱 끈끈하게 만들어 주었을 테지요. 그리고 그 안에서 세대를 넘어 지식을 전달하고 험난한 세상을 살아가는 데 필요한 지혜와 위로를 얻었을 것입니다. 구석기인들에게 예술은 아마도 눈앞에 있는 현실 세계의 고단함을 견디게 하는 상상 속 이상향이었을지도 모릅니다.

단단한
고고학

차원을 뛰어넘은
도구들

신의 한 수? 신의 한 돌!

한여름 타는 듯이 더운 날이면 저는 편의점에서 파는 '팥빙수 아이스크림'을 종종 사 먹곤 합니다. 뚜껑을 따면 통팥과 얼음 조각, 떡이 차곡차곡 쌓여 있지요. 동봉된 숟가락으로 휘휘 섞은 뒤 크게 한 입 떠먹으면 거친 얼음 조각의 식감 덕분에 더위가 싹 가십니다. 여기에 냉장고에서 막 꺼낸 시원한 우유를 부어 먹으면 더욱 맛있습니다.

그런데 빙수를 먹기까지의 과정은 앞에 쓴 것처럼 간단하지 않습니다. 현실은 기다림의 연속입니다. 빨리 먹고 싶은데, 작고 얇은 플라스틱 숟가락으로는 꽁꽁 언 얼음을 깨고 휘저을 수 없습니다. 생각 같아선 송곳으로 부수고 싶은데, 편의점에 그런 도구가 있을 리 만무하지요. 우유를 부어 놓고 플라스틱 숟가락으로 깔짝거리며 얼음이 녹기를 한참 동안 기다려야 비로소 달콤함을 맛볼 수 있습니다.

지금으로부터 300만 년 전 어느 날, 인간은 저와 비슷한 상황에 처해 있었습니다. 서너 명의 오스트랄로피테쿠스 가족이 길을 걷고 있었습니다. 이들은 며칠째 제대로 먹지 못한 상태입니다. 그때 길에서 방금 전에 죽은 사슴 한 마리를 발견합니다. 그런데 불행히도 이들은 모두 맨손입니다. 과연 오스트랄로피테쿠스 가족은 사슴 고기로 주린 배를 채울 수 있을까요?

아마도 고기를 먹지 못했을 것입니다. 고기는커녕 사슴 가죽도 뜯을 수 없습니다. 손과 치아를 사용하여 동물의 생가죽을 찢는 일은 작은 플라스틱 숟가락으로 꽝꽝 언 팥빙수 아이스크림을 깨는 것보다 훨씬 더 어렵습니다. 굶주린 가족은 눈앞의 고기를 포기할 수밖에 없습니다. 그런데 그때 기적이 일어났습니다. 일행 중 한 명이 바닥에 떨어져 있던 날카로운 돌조각을 집어 든 것입니다. 이제 무엇이 어떻게 달라질까요?

이때부터 인류는 '식은 죽 먹기'보다 아주 조금 더 어려운 '죽은 사슴 고기 먹기'를 할 수 있게 되었습니다. 날카로운 돌조각이 배고픈 오스트랄로피테쿠스들의 생존 가능성을 비약적으로 높인 셈입니다. 이 돌조각은 인류에게 단지 사슴 한 마리의 뼈와 살을 바르는 방법을 알려 주는 데 그치지 않고 식생활의 신세계를 열어 주었습니다.

결합: 새로운 세계로 가는 문

인류가 도구를 만들기 위해 돌을 깨기 시작한 것은 약 300만 년 전의 일로 추정됩니다. 기술의 발전은 언제나 놀라운 발견의 순간을 지나서 길고 긴 진화의 과정을 거칩니다. 석기 또한 바닥을 뒹굴던 돌조각에서 새로운 기능을 찾은 최초의 발견 이후 오랫동안 주변에서 비슷한 돌을 구하는 '단순 복제' 단계를 거쳤습니다. 그 후 찍개를 발명하고 보다 고차원·고성능 도구인 주먹도끼도 만들었지만, 완전히 새로운 차원으로 진입했다고 평가하기에는 충분하지 않습니다.

그러다 인류는 서로 다른 두 종류의 도구를 하나로 합치고(결합) 새로운 차원의 도구 생활을 시작했습니다. 일찍이 호모 에렉투스들이 나무로 창을 만들었지만, 창끝에 날카로운 돌을 장착하면 훨씬 더 위력적인 무기가 된다는 사실을 깨달은 것은 수십만 년이 지난 뒤 네안데르탈인 시대의 일입니다. 네안데르탈인이 만든 찌르개 중 일부는 분명히 자루에 결합하는 형태적 특징을 가지고 있습니다. 다른 종류, 다른 재질의 도구를 결합하는 것은 사고의 혁신적 전환이자, 특정 도구의 성능을 획기적으로 끌어올리는 발전입니다. 동시에 그것은 인간이 그만큼 지적인 성장을 이루었다는 확실한 증거이기도 합니다. 휴대전화에 카메라와 다양한 기능의 애플리케이션을 설치해 사용하는 '결합'은 굉장한 기술 혁신이었는데요, 알고 보면 수십만 년 전 나무 자루에 돌로 만든 창끝을 매단 사건이 그 혁신의 기원입니다.

결합을 통하여 더욱 위력적인 무기로 거듭난 창에 호모 사피엔스가 또 하나의 혁신을 더합니다. 사피엔스는 창을 가까이에서 직접 찌르는 무기에서 멀리서 목표물을 향해 던지는 무기로 개량했습니다. 창을 던져서 사냥하는 방식은 사냥감으로부터 일정한 거리를 확보할 수 있습니다. 거리를 확보하면 사냥감의 반격으로부터 자신을 안전하게 지킬 수 있습니다. 그런데 던지는 창은 손에 쥐고 힘껏 찌르는 창보다는 위력이 약합니다. 사냥감에 명중할 확률도 낮기 때문에 항상 창을 여러 개 가지고 다녀야 합니다. 급박한 상황에 민첩하게 반응하고 재빨리 움직여야 하는 사냥터에서는 창던지기로 만족할 만한 수확을 거두기 어려웠을 것입니다. 이런 고민 끝에 호모 사피엔스는 '창던지개 spear thrower'를 발명했습니다. 창던지개는 말 그대로 창을 던질 때 사용하는 보조 도구입니다. 창보다 짧고, 한쪽 끝은 뾰족한 갈고리처럼 생겼습니다. 반대쪽 끝에는 구멍을 뚫었는데, 이 구멍에 끈을 묶어서 팔목이나 신체의 어느 부분에 걸고 다녔을 가능성이 큽니다. 창던지개 기능의 핵심은 바로 뾰족한 갈고리에 있습니다. 사용법은 갈고리에 창의 뒷부분을 걸친 채로 던져서 최종적으로 갈고리의 끝이 창을 힘차게 밀어내는 방식입니다. 손에 직접 들고 찌르는 창보다 명중률은 낮지만 맨손으로 던질 때보다 훨씬 더 강하고 정확하게, 더 멀리까지 던질 수 있습니다. 어차피 가까이 다가가 직접 찌르는 방식으로도 단번에 사냥에 성공하지 못합니다. 근접용 창을 주로 사용한 네안데르탈인들은 자주 부상에 시달렸다는 사실에서 사냥의 위험성을 짐작할 수 있습니다.

창을 던지기 시작하면서 사냥은 몰래 다가가 사냥감을 찌르는 방식에서 던진 창에 맞은 사냥감이 지쳐 쓰러질 때까지 쫓아가는 방식으로 바뀌었습니다. 여기에 독을 사용하면 추격 시간이 더 짧아집니다. 대

프랑스 마스 다질Mas d'Azil 동굴에서 발굴된 순록 뿔로 만든 창던지개

창던지개 사용법 상상도

부분의 야생 동물은 체온 조절 기능이 발달하지 않아서 뜨거운 태양 아래에서 오래 달리지 못합니다. 더구나 상처를 입었다면 훨씬 더 빨리 탈진합니다. 반면 500만 년, 어쩌면 700만 년 전부터 두 발로 걷기 시작한 인간은 온종일 걸을 수 있습니다. 상처 입은 사냥감이 아무리 멀리 도망간다 한들 결국 시간은 인간의 편입니다. 마침내 사냥감을 들쳐 메고 집으로 돌아오는 길은 아무리 멀더라도 즐겁고 신나지 않았을까요.

호모 사피엔스는 창던지개를 신뢰하고 애착했던 것 같습니다. 창던지개를 화려하게 장식했다는 점에서 그 정도를 짐작할 수 있습니다. 특히 새 장식이 많은데요, 창이 사냥감을 향해 독수리처럼 날아가 명중하기를 소망했던 것이라고 상상해 봅니다.

구석기의 최종 병기, 활

구석기 시대에 일어난 퀀텀 점프Quantum jump(물리학에서 양자의 에너지 흡수 혹은 방출 현상을 가리키는 말로, 흔히 연속해서 서서히 발전하는 것이 아니라 계단을 뛰어오르듯 다음 단계로 비약하는 일에 비유한다)의 마지막 단계는 활입니다. 활에 대해서는 뒤에서 자세히 다룰 예정이니, 여기서는 간단히 살펴볼까요. 창던지개를 발명한 호모 사피엔스는 자연계에서 가장 강력한 사냥꾼으로 성장했습니다. 그리고 이어진 활의 발명은 인류를 아예 다른 차원의 존재로 거듭나게 했습니다.

지금으로부터 약 1만 5000년~1만 년 전의 지층에서 화살촉이 발견되기 시작하는데요, 그 무렵에는 빙하기가 끝나면서 지구의 기온이 서

서히 상승하고 있었습니다. 기후가 따뜻해지면서 피하 지방이 두껍고 몸집이 크고 느린 동물들은 더 추운 북쪽으로 이동했고, 인류가 살고 있던 적도와 중위도 지역에는 작고 날쌘 동물의 개체수가 급격히 증가했습니다. 환경이 바뀌었으니 인간도 사냥 방식을 바꿔야 합니다. 과거의 방식(창던지기 혹은 직접 찌르기)을 고집하는 사람들은 점점 배를 곯는 날이 늘어났을 것입니다.

활은 매우 빠르고 아주 정확한 무기입니다. 화약 무기가 등장하기 전까지 활은 세상에서 가장 빠른 무기였지요. '시간이 화살처럼 지나간다'거나 '쏜살같다'는 표현은 모두 활의 속도에서 유래했습니다. 화살은 창에 비해 작지만 더 큰 위력을 발휘할 수 있습니다. 크고 무거운 창보다 더 많이 휴대할 수 있었고, 그만큼 사냥의 성공률도 높아졌습니다. 기존의 사냥 도구와 비교할 때 가장 큰 기능의 차이는 바로 사냥꾼이 자신의 존재를 거의 완벽하게 은폐할 수 있게 되었다는 점입니다. 자연계의 최상위 포식자인 사자와 호랑이도 사냥을 할 때는 바람의 반대 방향으로 몸을 숨깁니다. 냄새를 숨긴 채 살금살금 사냥감에 접근하기 위해서입니다. 게다가 몸집이 클수록 오래 달리지 못하기 때문에 쫓고 쫓기는 추격전은 포식자의 실패로 끝나는 경우가 더 많습니다. 야생 사자와 호랑이의 사냥 성공률은 아무리 높게 잡아도 30퍼센트를 넘지 못합니다.

활의 발명으로 인간은 숨어서 사냥감을 공격할 수 있게 되었습니다. 원시 생활을 하는 부족의 사냥을 촬영한 다큐멘터리 필름을 보면 꾸부정하고 엉거주춤한 자세로 조악한 활을 쏘는 모습을 볼 수 있습

강원도 동해시 기곡 유적(왼쪽)과 월소 유적(오른쪽)에서 출토된 구석기 시대 화살촉

니다. '저게 될까'라는 의심을 하고 있노라면, 곧 작은 동물들을 너끈히 잡아서 집으로 돌아가는 장면이 이어집니다. 순전히 활의 위력 덕분입니다.

　도구의 발달사적 측면에서 평가하면 활은 인력이 아니라 기계(활시위)의 힘을 사용한 최초의 도구라는 점에서 더욱 중요한 의의를 갖습니다. 화살이 대체 불가의 속도를 갖게 된 것은 활시위의 탄력 덕분입니다. 1만 5000년 전에 활시위로 쓸 줄을 만들었다는 사실도 놀랍지만, 그 힘의 원리를 이해하고 활용하여 생존 확률을 높이고 생계를 해결했다는 점에서 정말로 눈부신 발전입니다. 활은 끊임없는 개량을 거치며 근대에 이를 때까지 핵심 무기로 사용되었습니다.

똑같이 생겼는데
왜 이름이 다를까?

돌멩이를 들고 무엇을 하나요?

돌이켜 보면 살면서 중요한 순간마다 좋은 사람들의 도움을 받으며 인생의 고비 고비에서 헤쳐 나올 수 있었습니다. 고고학을 공부하면서도 여러 분의 도움을 받았는데요, 오늘은 그중에서도 석사 논문을 쓰던 시절에 만났던 분이 떠오릅니다. 그때 저는 석영으로 만든 형태와 모양이 일정하지 않은 석기들을 분석하고 있었고, 여기에는 통계적 방법을 동원해야 했습니다. 그런데 낮에는 도무지 자료를 분석할 시간이 나지 않았습니다. 수업과 아르바이트를 끝내고 밤이 되어서야 시간이 나는데, 밤에는 직원만 학교 박물관에 들어갈 수 있었습니다. 그런데 제 사정을 이해한 행정실 선생님께서 야근을 마다하지 않고 박물관 문을 열어 주셨고, 덕분에 저는 열흘간 유물 정리실에서 석기를 관찰할 수 있었습니다.

유물 정리실에 있는 내내 마치 암호문을 해독하는 기분이었습니다. 석기 한 점 한 점을 뚫어져라 관찰하며 각 도구의 특징을 파악하고 차이를 분석하려고 몰두했습니다. '이건 긁개인데 어디를 어떻게 손질한 것일까? 저건 밀개인 동시에 긁개인가? 이것이든 저것이든 다 비슷하게 생겼는데, 구체적으로 어디가 어떻게 다른 거지?' 도저히 종류를 구분할 수 없을 때는 개론서를 펼쳐서 속성에 대한 분류와 정의를 다시 확인했습니다. 우리나라에서 발견된 구석기는 석영이나 규암같이 상대적으로 조악한 돌로 만들었기 때문에 남아 있는 형태만으로는 제작자의 의도를 파악하기 힘든 경우가 많습니다. 돌의 입자가 굵고 성글어서 망치질의 흔적이 뚜렷하지 않기 때문입니다. 더구나 그 무렵에 저는 아직 석사 과정의 학생이라 석기를 분류하고 분석하는 일이 지금처럼 익숙하지 않았습니다.

뗀석기를 연구하는 구석기 고고학자들은 일반인의 눈에는 그냥 돌멩이로 보이는 '돌'들 사이에서 긁개와 밀개를 척척 구분합니다. 모르는 사람이 보면 '대체 뭐 하는 거지?' 하고 고개를 갸우뚱할 일이지요. 때로는 다른 시대를 연구하는 고고학자들도 구석기 고고학자들의 분류와 분석에 쉽게 공감하지 못하곤 합니다. 뗀석기를 판별하고 기종을 분류하는 일은 오랜 경험과 많은 지식이 어우러져야 할 수 있는 전문

지표 조사에서 채집한 석기를 야외에서 분류한 모습

영역입니다.

그럼에도 아무리 공부를 오래 한들 수만 년 전에 만든 도구를 속속들이 이해할 수는 없습니다. 과거와 현재의 인지 체계와 지적 능력이 너무 다르기 때문입니다. 그러나 구석기 시대 유적에서 나오는 유물은 사실상 뗀석기가 유일하기 때문에 한국의 구석기 고고학자들은 석기에 집착할 수밖에 없습니다.

고고학 상식: 이름은 그저 이름일 뿐

뗀석기 연구는 석기의 종류를 구분하는 일에서부터 시작합니다. 거창하게 표현하자면 '형식 분류typology'입니다. 석기의 종류를 나누는 기준은 여러 가지인데 뗀석기에서는 '날'을 가장 중요하게 생각합니다. 그래서 가장 먼저 날의 속성으로 석기를 분류합니다. 예컨대 찍는 날, 찌르는 날, 자르는 날, 긁는 날, 뚫는 날, 톱날 등이 있습니다. 최대한 객관성을 갖기 위해 '자르는 날은 날의 각도가 45도 이하인 경우'

같은 세부 기준을 마련합니다. 그렇게 일일이 분류해서 붙인 이름이 이제 여러분에게도 익숙한 찍개와 주먹도끼, 찌르개 등입니다.

그런데 이름만 보면 '찍개는 뭔가를 찍는 용도'라고 생각하기 십상입니다. 주먹도끼 역시 이름을 듣고 자루 달린 쇠도끼를 떠올리는 사람이 많습니다. 석기의 이름과 실제 용도 사이에는 사실 커다란 함정이 있습니다. 이름은 앞서 말한 것처럼 객관적 기준에 따라 분류한 각 그룹에 편의상 붙인 것일 뿐입니다. 그러니까 일종의 가명입니다. 물론 구석기 고고학자들이 '찍개'라고 이름 지은 석기를 구석기 시대 사람들이 찍는 용도로 사용했을 수도 있습니다. 그러나 현대 고고학이 '찍개'라고 이름을 정한 이유는 석기의 날이 '찍는 용도에 적합한 각도와 모양을 갖고 있다는 가정에 근거했다'라고 이해하면 됩니다. 석기의 이름은 '그냥 이름'일 뿐이니 앞으로는 헷갈리지 마세요.

각 석기의 용도는 어땠을까요. 뗀석기의 진짜 용도를 알아내는 일에 몰두하는 연구자들이 있습니다. 이들은 실체 현미경(주로 생물체를 해부할 때 사용하는 저배율 현미경)을 비롯해서 다양한 배율의 현미경으로 석기의 날(이라고 추측하는) 부분을 관찰합니다. 그 부분이 으스러졌는지 거칠게 갈렸는지 혹은 긴 홈들이 쭉쭉 나 있거나 마찰로 인해 매끄러워졌는지 등을 판별합니다. 그리고 현대의 장인이 재현한 석기로 고기나 나무, 뼈 등 다양한 재료를 찍고 자르고 문질러 본 후 그 결과를 구석기 시대 뗀석기의 날과 비교합니다. 칼로 부드러운 재료를 반복적으로 다루면 윤이 생기고 거친 재료를 다루면 홈이 생기는 아주 일반적인 원리를 돌칼에 적용해 보는 것입니다. 그럼에도 석기의 용도를 쉽게 알아낼 수는 없습니다. 아주 오랫동안 땅속에 묻혀 있으면서 날이 손상되었기 때문입니다. 혹은 사용 기간이 매우 짧은 도구에는 사용 흔적이 거의 안 남아 있습니다.

때로 뗀석기 용도 분석에 현대의 수렵 채집민들이 사용하는 석기를 동원하기도 합니다. 그런데 이제는 오지의 원주민도 다방면에 금속기를 사용하고, 일상 깊숙한 부분까지 현대 문명의 영향을 받고 있어서 민족지 연구도 그리 도움이 되지 않습니다.

이처럼 뗀석기의 실제 용도에 대한 연구는 다소 정체 상태입니다. 장차 과학 기술이 더욱 발전해서 획기적인 분석법이 나오길 기대해야 합니다. 예컨대 날에 남아 있는 아주 미세한 유기물을 탐지할 수 있는 기술을 개발하거나 혹은 아예 타임머신을 발명한다면 더 바랄 게 없을 것 같습니다. 그때가 되면 비로소 석기는 가명을 버리고 본명을 되찾겠지요.

역사 연구의 이유

이쯤에서 이렇게 질문해야 합니다. 고고학자들은 이젠 필요도 없고 소용도 없는 수만 년 전의 뗀석기, 심지어는 멸종된 고인류가 쓰던 케케묵은 돌을 대체 왜 연구하는 걸까요? 그것을 만드는 기술이나 이유를 알아서 어쩌겠다는 걸까요? 최첨단 기술 개발과 수많은 사회 문제의 해결책을 찾는 일처럼 '진짜' 중요한 것들은 팽개치고 고작 돌멩이를 탐구하는 까닭이 무엇인지 궁금하지 않나요.

제가 구석기 연구자들을 대변해 보자면, 사실은 이렇습니다. 구석기 고고학의 연구 분야 중에서 '뗀석기의 용도'는 극히 일부에 불과합니다. 그 외에도 알고 싶은 게 훨씬 더 많지요. 구석기 고고학 연구의 궁극은 구석기인의 삶 전체를 이해하고 복원하는 것입니다. 좁게는 한반도 일대의 구석기 문화를 이해하고, 이 땅에 살던 사람들과 그들의 흔적을 좀 더 구체적으로 확인하는 것이지요. 그런데 그걸 확인하면 어떤 일이 생길까요?

시계를 돌려서 잠시 조선 시대로 가겠습니다. 임진왜란 연구자는 전쟁의 배경부터 결과까지 모든 과정을 꼼꼼하게 복기하고 생생하게 되살립니다. 그는 400년도 더 전에 일어난 전쟁을 다시 들춰서 어쩌려는 걸까요. 시계를 한 번 더 돌려서 이번에는 일제 강점기로 가겠습니다. 어떤 연구자는 일본 제국 군부가 식민지 여성을 위안부로 동원한 사건을 낱낱이 밝힙니다. 광복된 지 80년이 다 되었는데 왜 그러는 걸까요?

혹시 제가 어떤 이야기를 하려고 이렇게 뜸 들이고 있는지 감이 오나요? 역사를 연구하는 데 있어서 대상이 얼마나 오래된 유물인지 혹은 얼마나 오래전의 사건인지는 중요하지 않습니다. 현재보다 일찍 존재한 모든 시간과 공간, 인물과 사건 위에 지금 우리가 존재하기 때문입니다. 그것들과 우리는 어떻게든 연결되어 있습니다.

참고로 말씀드리면 '역사 연구의 이유'에 정답은 없습니다. 우리가 살다가 가끔씩 자신의 과거를 되돌아보는 이유가 매번 다른 것과 비슷합니다. 단순한 호기심일 수도 있고, 다른 일을 시작하기 위한 사전 작업일 수도 있고, 나 자신이나 내가 속한 집단의 정체성이 궁금해서일 수도 있습니다. 역사는 현재의 교과서나 참고서가 될 수 있습니다. 그러기 위해서는 역사의 이유를 찾는 것보다 필요할 때 얼마나 정확한 역사의 선례를 찾을 수 있는지가 더 중요합니다.

2부

구석기
300만 년의
대모험:

원시 인류의
삶과 생각

새로운 왕의 등극: 사냥감에서 사냥꾼으로

불을 다루는 인류의 출현

어제 저녁에 무엇을 드셨나요. 한국인의 가정식 밥상에는 밥과 국, 김치에 고기나 생선이 주로 올라옵니다. 오랫동안 인류는 이렇게 식물성 식단과 동물성 식단을 섞어 먹었습니다. 그러나 진화 초기에는 인간도 유인원처럼 주로 과일과 나뭇잎을 먹었을 것입니다. 이후 진화를 거듭하면서 먹을 수 있는 것이라면 뭐든 다 먹는 방식으로 환경에 적응했습니다. 그 이유는 결코 맛 때문이 아닙니다. 극심한 환경 변화에 맞서서 멸종하지 않고 살아남기 위해서였습니다. 그 과정에서 이것저 것 따지지 않고 먹을 게 있을 때 최대한 먹는 식습관이 형성되었습니다. 인간의 기초 대사 에너지원은 탄수화물인데요, 체내에서 쓰고 남은 탄수화물을 지방 세포로 바꿔서 저장하는 체질도 진화의 결과입니다.

만약 환경이 변해서 주변에 서식하는 동식물이 모두 바뀌었는데도 원래 먹던 것만 고집한다면 멸종은 시간문제입니다. 실제로 네안데르탈인의 멸종에 관한 가설 중에는 그들이 육식만 고집했다는 주장이 있습니다. '수염이 석 자라도 먹어야 산다'라는 우리 속담은 참으로 호모 사피엔스다운 내용입니다. 인류의 여러 먹거리 가운데 육류는 에너지 효율 측면에서 단연 으뜸입니다. 인류의 뇌 용량이 급격하게 증가한 배경에 육식을 시작하면서 영양 공급이 향상된 사건이 있을 정도로 인류사적 의미가 지대합니다. 게다가 고기를 통해 섭취한 단백질은 머리카락, 피부, 근육 등을 구성하는 데 중요합니다. 인간은 이렇게 소중한 고기를 언제부터 먹기 시작했을까요?

이제 막 두 발로 걷기 시작한 700만 년 전의 고인류는 자연계 포식자들의 손쉬운 사냥감에 불과했습니다. 남아프리카공화국의 스와르트크란스swartkrans 유적에서 발견된 고인류 파란트로푸스 로부스투스 Paranthropus robustus 머리뼈에는 표범의 송곳니 자국이 선명하게 남아 있습니다. 초기 고인류의 먹이사슬 속 위치를 적나라하게 보여 주는 자료입니다. 그런 까닭에 호모 에렉투스가 출현하기 전까지 고인류는 나무 위 생활을 병행했습니다. 특히 캄캄한 밤에는 나무 위가 훨씬 안전했을 것입니다. 180만 년 전 무렵에 출현한 호모 에렉투스의 학명은 '완전히 직립해서 걸을 수 있는 사람'이라는 뜻입니다. 이때부터 인간이 나무에서 완전히 내려왔을 것이라고 추정합니다. 손과 발의 골격이 나무 위에서 생활할 때와 완전히 다른 형태로 진화했기 때문입니다. 땅으로 내려온 호모 에렉투스는 어떻게 자신들의 안전을 지켰을까요? 여러 방법이 있지만 그중 가장 큰 힘은 불에서 나왔을 것입니다. 호모 에렉투스는 불을 다루는 지식을 습득한 최초의 인류입니다.

한 손에는 불을, 다른 손에는 창을

땅에 내려온 사람들은 도구를 하나 더 만들었습니다. 독일 쇠닝엔 Schöningen의 호모 에렉투스 유적에서 나무를 깎아서 만든 창이 여러 점 발굴되었습니다. 창이 발견된 사례는 더 있지만 쇠닝엔의 창이 가장 온전한 모습을 하고 있어서 이를 통해 구석기인들의 생활에 한 걸음 더 다가갈 수 있게 되었습니다. 창의 길이는 짧은 것은 1.8미터, 긴 것은 2.5미터에 이릅니다. 가문비나무 가지를 그대로 깎고 다듬어 만든 것으로 곧바르지는 않고 약간 구불구불합니다. 양 끝을 모두 뾰족하게 다듬어서 어느 방향으로든 사냥감을 찌를 수 있습니다. 아마도 양쪽을 다 쓰는 편이 효과적이라고 판단한 듯합니다. 발굴된 창 중 일부는 나무를 더 단단하게 하기 위해 불에 그슬린 흔적이 있습니다. 나무에 약간의 열을 가하면 수분이 증발하면서 목질이 더 단단해진다는 사실을 안 것입니다. 쇠닝엔 유적의 창은 인간이 맹수들의 사냥감에서 자연계의 포식자로 발전하는 과정을 상징하는 유물입니다.

맹수는 신체를 더 강력하게 발달시키는 방향으로 진화해서 최상위 포식자가 되었지만, 인간은 몸이 아니라 도구를 발전시켰기에 양쪽의 진화는 의미가 완전히 다릅니다. 호모 에렉투스는 강력한 이빨과 발톱 대신 도구라는 문화적 산물을 몸에 장착했습니다. 칠흑같은 밤, 타닥 타닥 타오르는 모닥불을 가운데에 두고 어깨에 긴 창을 걸친 채 모여 있는 인간은 더 이상 맹수의 사냥감이 아닙니다. 다만 이 시기의 창은 사냥감에 최대한 접근해서 찔러야 한다는 한계가 있었습니다. 인간이 맹수보다 빨리 달릴 수는 없기 때문에 근접 사냥은 성공률이 낮았고, 사냥 과정에서 발생하는 부상의 위험도 상당히 컸습니다. 연구에 따르면 네안데르탈인의 상당수가 골절을 경험한 것으로 확인되었습니다. 구성원의 수가 공동체의 생존 가능성으로 직결되던 구석기 시대에 부상은 개인뿐 아니라 공동체의 안전에도 심각한 위협이었습니다.

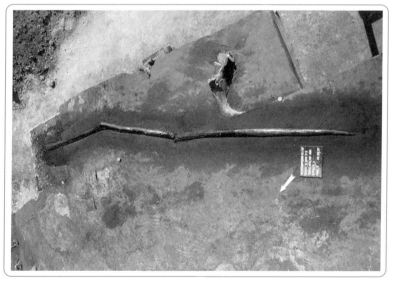

독일 쇠닝엔 유적에서 출토된 나무 창

기술 개량: 다른 차원의 진화

호모 사피엔스는 '찌르는 창'을 '던지는 창'으로 발전시켰습니다. 더해서 창던지개라는 보조 도구를 발명하여 창의 타격력도 획기적으로 개선했습니다. 이로써 인간은 보다 먼 거리에서 사냥감을 공격할 수 있게 되었고 그 거리만큼의 안전을 확보했습니다. 창던지개를 사용하자 멀리서 던져도 사냥감의 두꺼운 가죽을 뚫을 수 있을 정도로 관통력이 상승했습니다. 미국 워싱턴주 세큄Sequim 유적에서 출토된 마스토돈mastodon(코끼리와 비슷하게 생긴 멸종 동물) 화석에는 뼈로 만든 창끝이 박혀 있었습니다. 이 창은 무려 25센티미터 두께의 피부와 근육을 뚫고 늑골을 찔렀습니다. 던지는 창은 찌르는 창에 비해 작고 가벼워졌고 덕분에 한 사람이 여러 자루를 들고 다니면서 연속 공격을 할 수 있게 되었습니다. 이렇게 무장한 사람이 서너 명만 모이면 덩치가 크고 행동은 느린 동물을 포획할 확률이 비약적으로 증가합니다.

한편 구석기인들이 동물 사냥에 함정을 이용한 사례도 확인되었습니다. 일본 열도에서 함정 유적이 종종 발견되는데, 바닥에 뾰족한 기둥을 촘촘하게 세운 구덩이가 여러 개 모여 있습니다. 십중팔구 그 위에 나뭇가지나 풀을 덮어서 동물이 알아차리지 못하게 만들었을 것입니다. 함정을 판 장소는 넓은 경사지의 아래쪽입니다. 한 무리의 사냥꾼이 창을 들고 함성을 지르면서 사냥감을 저지대의 함정으로 몰아 넣었을 것입니다. 유럽의 동굴 벽화에도 함정으로 추정되는 그림이 있는 것을 보면 호모 사피엔스는 함정 사냥에 꽤 익숙했던 것 같습니다.

호모 사피엔스가 진정한 사냥꾼으로 변신했음을 상징하는 도구는

'활'입니다. 활과 화살은 사냥의 패러다임을 바꾸었고, 나아가 사냥을 쉬운 일로 만들었습니다. 활과 화살을 사용하면서부터 누구나 고기를 먹을 수 있는 시대가 시작되었다고 말해도 과장이 아닙니다. 독화살을 맞은 동물이 쓰러질 때까지 쫓아가기만 하면 되는데, 수백만 년 동안 두 발 걷기를 연마한 인류에게는 식은 죽 먹기입니다.

특정 종이 자연계의 먹이사슬에서 자신의 위치를 바꾼다는 것은 대량 멸종 같은 천재지변이 있지 않고는 불가능합니다. 따라서 호모 사피엔스의 변신은 자연계에서 극히 이례적인 사건입니다. 영화 〈아이언맨Iron Man〉에서 주인공이 힘을 얻게 되는 과정을 떠올리면, 인류의 진화를 좀 더 쉽게 이해할 수 있을 것입니다. 토니 스타크가 초합금 슈트suit라는 도구로 온몸을 감싸면서 슈퍼 히어로로 다시 태어났듯이 인류도 몸은 그대로 두고 도구를 개량하는 방식으로 진화했습니다.

구석기 시대의
'즐거운 나의 집'

초기 주택의 다양한 건축 재료

시대를 막론하고 인간은 '집'을 갖고 싶어 합니다. 집은 언제나 따뜻하고 안전한 보금자리였고, 오늘날에 와서는 거기에 가장 중요한 재산이라는 의미가 더해졌습니다. 저 또한 전월세를 전전하다 14평짜리 아파트를 처음 장만했을 때 느낀 기쁨과 안도감을 잊지 않고 있습니다. 저녁마다 페인트를 칠하고 구석구석을 수리해야 했는데 조금도 피곤하지 않았습니다. 구석기 시대에는 집이 더 소중했을 것입니다. 비와 눈보라뿐 아니라 사방에서 달려드는 맹수로부터도 몸을 피해야 했으

발굴 결과를 토대로 복원한 프랑스 테라 아마타 유적의 막집

20세기 초에 촬영한 아메리카 원주민의 막집

니까요. 당시의 집은 낱말의 뜻 그대로 '생존生存'의 필수 요소였습니다.

고고학적으로 확인된 구석기 시대의 집은 수가 많지 않습니다. 나뭇가지와 가죽, 혹은 매머드의 뼈로 지은 막집 등이 몇몇 유적에 남아 있을 뿐입니다. 프랑스의 테라 아마타Terra Amata 유적에서 발견된 집터는 연대가 약 40만 년 전으로 측정되었습니다. 나뭇가지와 풀을 엮어서 지은 막집의 크기는 길이 5~11미터에 너비 3~6미터 정도이고, 집마다 실내에 화덕을 하나씩 갖추고 있습니다. 화덕 주변으로는 석기를 만들었던 잔해들이 흩어져 있었습니다. 테라 아마타 유적의 집은 아프리카 원시 부족이 생활하던 막집과 형태가 유사합니다. 또한 1900년대 초 아메리카에서 촬영한 원주민의 막집도 나뭇가지로 뼈대를 삼고 풀로 벽을 덮었습니다. 아열대나 온대 지방의 구석기 막집은 주로 이런 형태였을 것입니다.

우크라이나 중부의 메지리히Mezhirich 유적에서는 거의 100마리에 가까운 매머드 뼈로 만든 집이 발견되었습니다. 바가지를 엎어 놓은 모양의 둥근 집은 매머드의 육중한 머리뼈로 벽을 세우고 상아와 갈비뼈로 지붕을 얹었습니다. 상아는 무게가 무겁기 때문에 집 안쪽 벽에는 나무 기둥을 덧댔을 것으로 추정합니다. 집의 외부에는 매머드 가죽을 덮어서 실내의 온기를 유지했을 것입니다. 집의 직경은 5~9미터 정도이고, 집 안에 화덕이 여러 개 있었습니다. 한편 뼈로 만든 집을 비롯하여 꽤 넓은 집터들을 발굴한 우크라이나 몰로도바Molodova 마을 유적에서는 집 바깥에 작은 화덕 여러 개를 배치한 흔적을 찾았습니다. 매머드 사냥으로 식량 공급이 늘고 기후가 점점 온화해지면서 야외 화덕 사용도 활발해진 것으로 추정합니다. 지역에 따라 주택 건축 재료와 형식이 다르다는 사실에서 우리는 이미 수만 년 전부터 인류가 환경에 유연하게 대처했음을 알 수 있습니다. 그들은 정성껏 지은 집에서 따뜻하고 안전하게 재충전을 한 뒤 다시 창을 움켜쥐고 사냥터로 떠났을 것입니다.

계절의 변화와 사냥감을 따라서 거주지를 옮겨야 한다면 간단하게 지을 수 있는 막집이 가장 효율적인 건축 방식입니다. 그런데 이동하던 원시 인류가 우연히 아늑한 동굴을 찾으면 어떻게 했을까요? 그들은 망설이지 않고 바로 결정했을 것입니다. "막집은 버리자. 이제 저 동굴이 우리 집이다!" 힘들게 건축 재료를 모을 필요도 없고, 얼기설기 손으로 짠 집보다 훨씬 튼튼하니까요. 문제는 다른 사람도 그 동굴을

우크라이나 메지리히의 매머드 뼈로 만든 집터

보고 똑같은 생각을 할 것이라는 점입니다. 만약 먼저 입주한 사람이 있다면 싸움이 벌어질 것입니다. 혹은 동굴곰Ursas spelaeus 같은 맹수가 이미 살고 있을지도 모릅니다. 여러 가능성을 다 고려했을 때 동굴을 차지한 최종 승자는 인근에서 가장 강력한 힘을 가진 '인간 공동체'였을 것입니다.

구석기 시대의 동굴로 유명한 중국 베이징의 저우커우뎬은 '베이징원인'이라고 부르는 호모 에렉투스가 살던 동굴 집입니다. 절대 연대 측정치로만 보면 약 70만 년 전부터 25만 년 전까지 무려 45만 년간 사람이 산 흔적이 나왔습니다. 중간중간 주인이 여러 번 바뀌고 집이 비었던 기간도 있지만 어쨌거나 동굴 집의 선호도를 짐작할 수 있는 증거입니다. 동굴 안에는 엄청난 양의 동물 뼈와 그것을 손질하는 데에 사용한 10만여 점의 뗀석기가 차곡차곡 쌓여 있었습니다. 또한 지금까지 발견된 것들 가운데에서 가장 오래된 화덕 자리가 있었는데, 바닥에 쌓인 재의 두께가 무려 6미터에 이르렀다고 합니다.

한번 상상해 볼까요. 현재의 베이징은 빌딩 숲이지만 수십만 년 전에는 사슴, 멧돼지, 산양, 들소가 사는 우거진 숲 지대였습니다. 운 좋게 커다란 사슴을 잡은 고인류는 동굴로 돌아와 왁자지껄 떠들며 불을 피우고 고기를 나누어 먹었을 것입니다. 그러다 밤이 되면 표범, 호랑이, 불곰, 하이에나 같은 야행성 맹수를 피해 모닥불 곁에 옹기종기 모여 잠들었을 것입니다. 흥미롭게도 동굴 안에서는 40여 명의 호모 에렉투스 뼈도 발견되었습니다. 혹시 그들에게 동굴은 삶터인 동시에 무덤이었던 것은 아닐까요?

	구석기 시대	신석기 시대
생활 방식	수렵·채집	농경·목축·어로
주거 공간	이동하며 막집·동굴에서 생활	**목축:** 계절 이동하며 막집에서 생활 **농경:** 정착하여 수혈竪穴 주거 생활
공동체 규모	20~30명의 공동체	20~30가구 이상의 씨족 공동체

구석기·신석기 시대의 주거 환경

무덤의 발견: 돌봄과 장례의 흔적

1950년대에 이라크 북부 자그로스Zagros 산맥에 있는 샤니다르Sha-nidar 동굴은 과거에 네안데르탈인들의 집이었습니다. 산 중턱에 자리 잡은 동굴의 넓은 입구에서는 계곡과 겹겹이 이어진 산을 내려다볼 수 있습니다. 동굴 안에서는 산양과 멧돼지, 사슴의 뼈와 함께 화덕도 여러 개 발견되었습니다. 사냥한 동물을 동굴로 옮겨 와 가족과 먹었겠지요. 그리고 같은 장소에 네안데르탈인의 무덤도 있었습니다. 최근에 재발굴을 진행하면서 무덤 주위의 흙에서 다량의 꽃가루를 확인했습니다. 이를 통해서 네안데르탈인들이 동료의 죽음을 애도하려고 꽃을 사용했다는 사실을 재확인했습니다. 꽃가루는 외피가 견고하기 때문에 산성 토양에서도 잘 보존되고 세균에 의해 분해되지도 않습니다. 동굴에서 나온 꽃가루의 성분 중에는 약용 허브도 있었습니다. 발굴을 진행한 학자들은 약용 허브에서 원시적 치료의 가능성을 추측하는 한편 이들이 죽은 동료의 부활을 기원했을 것이라는 가설도 제안했습니다.

지금으로부터 약 7만 년 전, 눈앞에 그림 같은 계곡이 펼쳐진 산 중

턱의 동굴에 네안데르탈인 몇 명이 모여 있습니다. 그들은 방금 전에 세상을 떠난 동료의 주검을 바라보며 슬픔에 빠져 있습니다. 죽은 이는 그들의 부모이거나 형제였을 것입니다. 사람들은 나뭇가지와 석기를 사용해 땅을 조금 파고 그 위에 꽃을 수북하게 깔았습니다. 그리고 꽃 침대에 주검을 누입니다.

7만 년 전 네안데르탈인들의 '장례식' 장면을 묘사해 보았습니다. 우리나라에서도 충청북도 단양군의 두루봉 동굴과 흥수굴, 강원도 정선군의 매둔굴 같은 구석기 동굴 유적이 발굴되었습니다. 동굴에서 동물 뼈와 뗀석기는 찾았는데 아직 사람 뼈 화석은 나오지 않았습니다. 흥수굴에서 어린아이의 뼈를 발견했지만 구석기 시대의 화석이 아닐 수도 있기 때문에 연구가 더 필요한 상황입니다.

구석기인도 좋아하는 풍수지리

아주 오래된 고민: 어디에서 살 것인가?

2005년 우리나라를 대표하는 국립중앙박물관이 광복 이후 60년 동안의 떠돌이 생활을 끝내고 용산의 새 건물로 입주했습니다. 개관 당시 기준으로 세계에서 여섯 번째로 큰 규모의 박물관으로, 외관은 전통 성곽을 모티브로 삼아서 아주 튼튼해 보입니다. 북으로 남산이 서 있고 남으로는 한강이 흐르는 곳에 자리한 박물관의 앞마당에 '거울못'이라고 이름 지은 작은 연못을 만들어서 전통 건축 문화를 잘 구현하였다는 평도 들었습니다. 여러분도 잘 아는 '배산임수背山臨水', 뒤에는 산을 두고 앞에는 물이 흐르는 명당자리지요. 거기에 남쪽 전면이 탁 트여 있다면 금상첨화입니다.

한국의 건축 문화에서 풍수風水는 아주 중요한 개념입니다. 그런데 그 시원을 찾아서 올라가면 흥미롭게도 구석기 시대에 닿는다는 사실을 아시나요? 아득한 구석기 시대에 풍수라는 개념이 있을 리 만무한데도, 발굴 현장을 다녀 보면 대부분의 유적이 기막히게 풍수 좋은 곳에 있습니다.

구석기인들이 가장 선호한 집은 볕이 잘 드는 양지바른 동굴이었을 것입니다. 애써 막집을 짓지 않아도 튼튼하고 안전했으니까요. 그렇다고 아무 동굴에서나 산 것은 아닙니다. 동굴이 너무 깊으면 냉습해서 살기가 힘듭니다. 가까이에 개천이 흐르지 않거나 산 중턱에 있는 동굴에서는 식수와 식량을 구하기 어렵습니다. 물과 식량이 풍부하고 도구로 가공하기 좋은 돌을 가까이에서 찾을 수 있는 동굴은 흔하지 않습니다. 따라서 대부분의 구석기인은 동굴 찾기를 포기하고 야외에 집을 지었을 것입니다.

동굴이 아닌 유적, 즉 야외 유적을 찾기 위해서는 유적이 있을 가능성이 큰 하천 주변을 답사해야 합니다. 고고학자들은 하천 수면으로부터 일정 높이 이상의 평탄한 지면이 이어지는지, 그 뒤로 산이나 높은 구릉이 있는지, 경작이나 개발에 의해 일대의 지형이 바뀌지 않았는지 등을 고려하여 유적 후보지를 찾습니다.

한편 대규모 도시 개발 예정지를 사전 조사하는 과정에서 구석기 유적을 발견하기도 합니다. 우리나라는 매장 문화재를 보호하기 위해 일정 규모 이상의 공사를 하려면 반드시 사전에 문화재 지표 조사를 실시하도록 법으로 강제하고 있습니다. 과거에 유적이 발견된 지역에 대해서는 규정을 훨씬 엄격하게 적용합니다. 예를 들어 경주에서는 공원 화장실 하나를 지을 때도 치밀하게 조사한 뒤에야 건축 허가가 납니다. 행정 절차가 다소 답답해 보일 수도 있는데요, 이 과정에서 국보급 문화재를 찾는 경우도 있으니 반드시 지켜야 합니다.

다시 본론으로 돌아와서, 발굴 과정에서 층위 조사를 실시하면 거의 대부분 모래층 또는 자갈층을 발견할 수 있습니다. 과거 한때 그 지역에 하천이 흘렀었다는 의미입니다.

엄마야 누나야 강변 살자

강은 늘 같은 자리를 흐를 것 같지만, 사실은 땅을 침식하고 퇴적하기를 반복하며 천천히 그러나 쉼 없이 물길을 바꿉니다. 평야를 구불구불 흐르는 하천을 가리켜 뱀처럼 흐른다는 뜻의 사행천蛇行川이라고 합니다. 사행천은 수로 변경의 흔적으로 초승달처럼 생긴 작은 호수를 만들기도 하지요. 반면 산과 산 사이를 흐르는 하천은 지형을 따라 흐를 수밖에 없습니다. 그런데 한 방울씩 떨어지는 낙숫물도 결국 바위를 뚫는데, 하물며 거칠게 흐르는 계곡이 얌전할 리 없습니다. 계곡도 산과 산 사이를 흐르는 동안 급류 구간에서는 산과 돌을 깎고 유속이 느려지면 침식물을 내려놓습니다. 특히 우리나라는 국토의 대부분이 산지라서 골짜기를 따라 흐르는 강이 훨씬 많습니다. 이렇게 이리저리 부딪히며 흐르는 물줄기는 주변에 수많은 단구段丘(주변이 절벽으로 끊

긴 계단형 지형)를 만듭니다.

하천이 만든 단구를 하성단구河成段丘라고 부르는데요, 하성단구의 퇴적층을 조사하면 바닥에서부터 자갈→굵은 모래→가는 모래→거친 흙→고운 흙이 차례로 쌓여 있습니다. 이 순서가 익숙하지 않나요. 식물 분갈이를 할 때 물이 잘 빠지라고 흙을 채우는 순서와 동일합니다. 그러니까 단구는 자연이 만든 물 빠짐에 최적화된 지형입니다. 게다가 단구는 하천이 이미 지나간 자리라 앞으로의 홍수나 산사태로부터 상대적으로 안전합니다. 습하지 않고 물난리 날 걱정도 적어서, 구석기 시대부터 인간은 볕이 잘 드는 단구에 살림을 풀고 집을 지었습니다.

지형이나 지질에 대한 체계적 지식이 없던 구석기인들이 어떻게 단구를 찾아내서 삶터로 삼을 수 있었을까요. 아마도 단구의 지형적 특징을 경험을 통하여 축적했을 것입니다. 단구의 배후에는 높은 산이 있기 때문에 집 지을 나무를 구하기 쉽습니다. 산에는 동물과 식물 먹거리도 풍부하지요. 그 외에도 강의 침식 작용으로 동글동글해진 자갈이 많다는 점도 중요합니다. 혹시 강가에서 몽돌을 주운 적이 있나요? 현대인에게는 그저 하룻밤 캠핑하기 좋은 강변 풍경이겠지만, 구석기인의 눈에는 그게 다 뗀석기를 만들 재료로 보였을 것입니다.

볕이 잘 드는 강변 단구 한쪽에 가족이 살 집을 짓고 돌을 주워 와 능숙한 솜씨로 석기를 만듭니다. 해가 지기 전에 뒷산에서 사냥한 멧돼지를 들쳐 메고 내려오면 온 가족이 달려와 반겨 주겠죠. 활활 불을 피우고 주린 배를 채운 뒤 강으로 가서 시원한 물을 들이켭니다. 돌아오는 길에 쓸 만한 돌을 몇 개 챙기면 내일의 생존이 더욱 든든해집니다. 구석기 시대의 일상은 이런 모습이었을 것입니다.

저도 가끔 석기 만들기 체험 학습에 필요한 재료를 찾으러 강가로 갑니다. 저녁 무렵이 되면 일렁이는 강물 위에서 붉은 해가 산산이 부서지는 풍경을 바라보며 막연하게나마 구석기인의 심정을 상상합니다. 하성단구는 자연 안에서 삶을 꾸렸던 구석기인들에게 최적의 삶터였습니다. 제 뒤로는 산이 버티고 서 있고 앞에는 너른 자갈밭 너머로 유유히 강물이 흐릅니다.

배산임수는 풍수 이론이 생기기도 전에 인류의 수만 년 경험으로 체득하고 체계화한 지식입니다. 그 체계가 복잡해지고 정교해져서 철학적인 요소가 가미되긴 했지만, 풍수지리의 기본은 구석기 시대의 생

한탄강 단구 위에 자리 잡은 경기도 연천군 전곡리 구석기 유적

존 조건과 일치합니다. 전통 시대의 자연 촌락도 대부분 단구 위에 형성되어 있습니다. 적절한 예가 충청북도 단양군입니다. 지금도 단양군민들은 강물이 땅을 크게 휘돌면서 형성된 거대한 단구에서 삶을 일구고 있습니다. 이 도시의 지층에는 수천, 수만 년 전에 살았던 사람들의 흔적이 차곡차곡 쌓여 있을 것입니다. 우리나라 강 주변에 얼마나 많은 선사 유적이 있는지 4대강 사업(2009~11년 대한민국 정부가 실시한 한강·낙동강·금강·영산강 유역 정비) 진행 과정에서 확인할 수 있었습니다. 정비 공사에 앞서 유적 조사를 해야 했는데, 한국의 고고학자가 총출동해서 수년을 꼬박 발굴했음에도 부실 조사니 졸속 조사니 하는 비판이 나올 정도였으니까요.

현대의 건축 문화는 더 이상 배산임수에 얽매이지 않습니다. 거대

아랍에미리트 두바이의 인공섬 팜 주메이라

한 기계 문명과 고도로 발달한 토목 기술은 자연 조건을 상당 부분 극복했습니다. 산을 깎고 바다와 강을 메워 만든 신도시가 전국에 이미 여러 곳 있습니다. 최첨단 공조와 조명 기술은 일조량의 제약을 지워 버렸습니다. 석유로 거대한 부를 축적한 아랍에미리트가 두바이에 건설한 인공섬 팜 주메이라Palm Jumeirah는 자연 조건을 극복한 건축 기술의 완벽한 상징입니다. 그런데 바다 위에 떠 있는 거대한 도시를 바라보고 있노라니 이런 질문이 떠오릅니다. 과거의 삶터가 자연에 적응한 친환경 도시였다면, 지금 인류가 짓고 있는 도시는 무어라 정의해야 할까요?

매머드인가 맘모스인가?

강함과 온화함을 모두 가진 평원의 현자

매머드는 약 500만 년 전에 출현하여 유라시아와 북아메리카 등지에 서식하다가 지금으로부터 5000년 전에서 4000년 전 사이에 멸종한 코끼릿과 생물입니다. 그러니 우리 중 누구도 매머드를 직접 본 사람은 없습니다. 그런데 표준국어대사전과 함께 가장 널리 사용하는 국어사전인 고려대한국어대사전에는 '매머드' 항목에 뜻이 하나 더 적혀 있습니다. 바로 '거대함'을 나타내는 관형어입니다. 이처럼 매머드를 본 사람은 없는데 우리는 매우 커다란 무언가를 마주했을 때 본 적도 없는, 이미 멸종한 동물을 떠올립니다. '매머드급 규모', '매머드급 건물', '매머드급 예산' 등 일상 언어 여러 곳에 매머드가 생생히 살아 있습니다. 대체 어떻게 된 일일까요?

사실은 우리 주변에도 매머드를 직접 본 사람들이 있습니다. 심지어 그 수가 제법 많습니다. 다만 우리가 본 것은 살아 있는 매머드가 아니라 시베리아 영구 동토에서 발견한 냉동 상태의 매머드입니다. 얼음 속에 있었기 때문에 원래 모습 그대로 발견되었으며 DNA를 채취할 수 있을 정도로 보존 상태가 양호합니다. 과학계에서는 냉동 매머드의 DNA로 매머드를 부활시키려는 연구가 꾸준히 진행되고 있습니다.

일본어 발음의 영향으로 매머드보다 '맘모스'라는 이름이 익숙한 사람도 많을 것입니다. 북한에서는 온몸에 털이 수북하다는 뜻에서 '털코끼리'라고 부릅니다. 매머드는 큰 종種의 경우 키가 5미터에 달했다고 합니다. 길고 둥글게 구부러진 상아는 코끼리와 비슷하지만, 온몸을 치렁치렁 감싼 털이 신비롭고 영험한 분위기를 더합니다.

구석기 시대에 그린 동굴 벽화에는 매머드가 생생하게 남아 있습니다. 원시 인류는 프랑스의 루피냑Rouffignac 동굴에 줄 지어 걸어가는 매머드 무리를 그렸습니다. 채색 없이 선만 그었는데도 1만 3000년 전 그날로 돌아간 기분이 드는 굉장한 작품입니다. 매머드 무리의 발소리가 들리는 것도 같습니다. 그림을 본 우리가 이렇게 느낄 정도이니 그 경관을 직접 본 구석기인들은 더욱 압도되었을 것입니다.

매머드는 초식 동물입니다. 그래서 성질이 온순했을 것입니다. 현생 코끼리도 부드러운 위엄을 풍기지요(그래서 제가 가장 좋아하는 동물이 코끼리입니다). 다른 동물에게 해를 입히지 않고, 거대하기 때문에 맹수들이 함부로 덤비지도 못합니다. 저는 한순간에 삶과 죽음을 오가는 냉혹한 야생의 대초원에서 평화롭고 유유자적하게 풀을 뜯는 코끼리의 모습을 동경합니다. 그 모습을 보고 있노라면 강함과 온화함을 겸비한 현자가 떠오릅니다. 그 배경을 눈 덮인 시베리아 평원으로 바꾸면 매머드가 서 있을 것입니다. 아, 동물의 크기도 키워야 하겠군요.

마성의 아이보리

인간의 상아ivory 사랑은 아주 일찍부터 유난했습니다. 구석기 시대부터 상아로 꽤 많은 조각품을 만들었을 정도지요. 구석기 시대에는 동물을 사냥하면 고기와 내장은 물론이요 뼈까지 쪼개서 골수를 먹었습니다. 하지만 상아는 온통 뼈로만 단단하게 차 있기 때문에 조각 재료로 사용했던 것 같습니다. 구석기인이 상아를 조각할 때 사용한 도구는 당연히 석기입니다. 고고학에서 분류해 놓은 도구 중에서는 '칼'이나 '새기개' 정도가 적절해 보입니다. 그런데 단단한 상아보다 무른 나무를 조각하는 게 더 쉽지 않을까요? 이런 질문을 해 볼 수 있습니다. 의외로 나무는 특유의 섬유질 때문에 아주 날카로운 칼을 사용해야 원하는 모양을 낼 수 있습니다. 도구가 섬세하지 못하면 오히려 조각하기가 더 어렵죠. 귀한 흑요석 칼로는 나무를 조각할 수 있지만, 나무는 썩기 쉬운 유기물이라 아주 특별한 환경에서만 보존된다는 문제도 있습니다. 그래서 나무 조각품은 좀처럼 찾기 어렵습니다. 반면 뼈나 뿔, 부드러운 돌은 석기로 가공할 수 있고, 보존도 용이해서 지금까

프랑스 루피냑 동굴 벽화의 매머드 무리

지 많은 유물이 남아 있습니다.

사람들은 상아의 유백색을 특별히 사랑해서 '아이보리 컬러(상아색)'
라는 용어도 만들었습니다. 상아를 얻기 위해 사냥을 지속한 결과 이
제 코끼리는 멸종 위기 동물로 지정될 정도로 개체 수가 감소했습니
다. 그 대안으로 시베리아의 툰드라에서 다시 한번 매머드를 사냥하기
에 이르렀지요. 무슨 말이냐고요? 매머드의 최후 생존 지역이었던 시
베리아의 동토 속에는 엄청난 양의 매머드 상아가 묻혀 있었습니다.
그런데 기후 온난화와 오랜 침식 작용으로 얼음 층이 얇아지면서 마침
내 땅 위로 상아가 드러난 것입니다. 땅속에 묻혀 있는 동안 적갈색 광
물이 침착되어 화려한 색을 띠게 된 시베리아산 매머드 상아는 현재
매우 비싼 값으로 거래되고 있습니다. 인간은 오래전에 멸종된 매머드
로부터 여전히 혜택을 얻고 있는 셈입니다.

과거 빙하기에도 매머드는 호모 사피엔스에게 은총의 동물이었습니다. 한 마리만 사냥하면 한동안 식량을 걱정할 필요가 없고, 두꺼운 털가죽은 따뜻한 외투로 바뀌며, 크고 단단한 뼈는 튼튼한 집으로 변했습니다.

러시아의 부레트 유적에서 발견한 비너스 조각상은 상아로 만든 것입니다. 머리부터 발끝까지 옷을 입고 있는데요, 전체 무늬가 동일한 것으로 보아 매머드의 털가죽으로 만든 옷을 표현했다고 추정합니다. 매머드 사냥이 얼마나 쉬워졌는지, 수십 마리의 매머드 뼈를 모아 집을 짓기도 했습니다. 러시아의 코스텐키 유적에는 60마리 이상의 매머드 뼈를 사용해 지은 집이 있습니다. 화석 학자들이 분석해 보니 성체 수컷과 암컷의 뼈는 물론이고 어린 개체의 뼈까지 사용했다고 하더군요. 매머드 뼈로 만든 집터가 지금까지 세계 각지에서 발견되었습니다. 최근 멕시코에서도 대량의 매머드 뼈가 발굴되었습니다. 산타루치

경기도 파주시에서 출토된
구석기 돌칼

경기도 광주시(왼쪽)와 남양주시(오른쪽)
에서 발굴된 구석기 새기개

아Santalucia의 공군 기지에서 신공항 건설 공사를 하던 중 200마리 이상의 매머드 뼈가 나왔습니다. 당시의 인류는 얼마나 많은 매머드를 사냥했던 걸까요.

그나마 매머드에 대한 미안함을 조금 덜어 주는 연구도 있습니다. 최근의 연구 결과들은 인간의 대규모 사냥이 매머드를 멸종시킨 직접적인 원인은 아니라고 설명합니다. 빙하기가 끝나면서 급격히 온난해진 기후가 매머드 멸종의 직접 원인이라는 것이죠. 하지만 호모 사피엔스의 엄청난 탐욕과 뛰어난 생존력을 보고 있노라면 어쩐지 인간의 사냥이 더 큰 이유였을 것만 같은 불안감을 지울 수 없습니다.

약 10년 전에는 시베리아 빙하 틈에서 새끼 매머드 한 마리가 거의

1902년 시베리아에서 매머드 뼈를 발견한 러시아과학원 탐험대

온전한 상태로 발견되었습니다. 러시아 측에서 한국의 황우석 교수에게 새끼 매머드의 DNA 복제 프로젝트를 의뢰해서 세간의 이목을 끌었습니다. 그러나 아직까지 별다른 소식이 없는 것으로 봐서 성과가 없었던 것 같습니다. 하지만 유전자 선별과 편집 기술이 지금보다 더 발달하면 정말로 매머드를 살려 낼지도 모릅니다. 언젠가 드문드문 눈이 쌓인 시베리아의 툰드라를 유유자적 가로지르는 매머드 무리를 만나게 된다면 과거 우리 조상들의 무지막지한 사냥에 대해 늦게나마 사과하고 싶습니다.

불만 있는 자,
내가 최고

불과 함께 이동한 인류

드디어 불의 역사를 다룰 차례입니다. 불에 관해 이야기할 때면 지금도 종종 떠오르는 기억이 있습니다. 저의 예닐곱 살 무렵 일입니다. 부모님이 외출하신 틈을 타 저는 부엌문 옆에 분유 깡통을 놓고 종이 쪼가리에 불을 붙였습니다. 검게 타들어 가다가 마침내 하얗게 변하는 종이와 뜨거운 불기운을 바라보며 최면에 걸린 듯 계속해서 종이를 찢어 넣었습니다. 제 의식은 문이 '드르륵' 열리는 소리와 함께 겨우 깨어났습니다. 어머니의 놀란 눈과 마주쳤고, 그제야 눌어붙은 장판과 집

안 가득한 연기를 보게 되었습니다. 거룩한 불 앞에 서 있다가 적에게 무참히 최후를 맞은 자라투스트라Zarathustra(기원전 7~6세기에 페르시아 지역에서 활동한 예언자로, 조로아스터교를 창시했다)처럼 어머니께 빗자루로 흠씬 두들겨 맞는 것으로 그날의 기억은 끝납니다.

불은 지구 탄생 이래로 언제나 존재했습니다. 그러나 인간 외 그 어떤 생명체도 그것을 길들인 적이 없습니다. 일부 동물이 곁불을 쬐기는 하지만 불에 연료를 추가하여 더 크게 만들고 다른 곳에 옮겨 붙이고 심지어 껐다 켰다 하는 생명체는 호모속, 즉 우리 인간이 유일합니다. 처음으로 불을 사용한 호모 에렉투스는 180만 년 전에 출현한 우리의 직계 조상 중 하나입니다. 최초의 도구다운 도구이자 지적 설계의 산물인 주먹도끼를 창작한 것도 그들입니다. 이렇게 두뇌의 발달과 불의 이용은 밀접하게 연결되어 있습니다.

불은 따뜻합니다. 그것이 인간이 불을 가까이 하게 된 첫 번째 이유

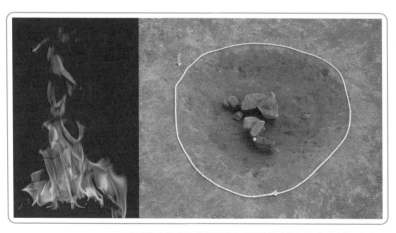

두려움과 동경의 대상인 불과 대전광역시 용호동 유적의 불 땐 자리

단단한
고고학

일 것입니다. 동물은 화기에 털이 탈까 봐 두려워서 불에 가까이 다가가지 못합니다. 그런데 호모 에렉투스 단계에 이르러 인류는 체모가 거의 사라졌습니다. 더 이상 털 걱정을 하지 않게 된 것입니다. 또 호모 에렉투스는 최초로 아프리카를 벗어난 인류로 알려져 있습니다. 유럽은 물론이고 아시아의 인도네시아와 중국 지역까지 진출했는데, 중국 지역에서는 중위도의 기후를 맞닥뜨렸습니다. 아프리카와 달리 추운 겨울이 있는 중위도에서는 보온과 난방이 필요합니다. 집을 짓고 두꺼운 옷을 입어도 한겨울에는 체온을 유지하기가 힘듭니다. 인간은 겨울을 나는 과정에서 불에 대한 공포를 극복한 것으로 추정됩니다. 호모 에렉투스가 불을 이용했다는 확실한 증거는 중국 베이징의 동굴 유적에서 발견된 화덕입니다. 호모 에렉투스는 불과 함께 아프리카 바깥으로 활동 영역을 확장할 수 있었고, 그 덕에 더 많은 자원을 확보하게 되었습니다.

불과 도구의 결합

고인류가 불을 지혜롭게 이용했다는 증거는 의외의 지점에서도 확인됩니다. 마침내 도구를 만들 때 불을 이용한 흔적이 발견된 것입니다. 나무를 불에 그슬리면 조직 내부의 수분이 날아가면서 목질이 경화됩니다. 그냥 말린 나무보다 훨씬 더 단단해지죠. 독일 쇠닝엔 유적에서 호모 에렉투스가 불에 그슬린 것으로 추정되는 나무 창이 발견되었는데요, 그들은 이미 자연의 원리를 알고 있었습니다. 짐작입니다만, 고기를 나무에 끼워 불에 굽다가 자연스럽게 터득한 지식이 아닐까요.

한편 후기 구석기 시대의 석기 제작 장인들은 확실히 특정 석재로 도구를 만들기 전에 먼저 돌을 불에 달구었습니다. 유럽의 후기 구석기 시대에 해당하는 약 2만 2000년 전 무렵에 '솔루트리언 문화Solutrean'가 등장합니다. 이 시기를 대표하는 석기는 길고 양 끝을 날카롭게 다듬은 아름다운 창끝입니다. 근접 무기로 사용하면 굉장히 치명적인 석기입니다. 이 석기는 규질 암석을 재료로 사용하는데요, 정교하게 눌러떼기 하기 위해 사전에 열처리를 했다는 사실이 과학적으로 증명되었습니다. 돌의 성질이 변하려면 약 250~350도 이상의 온도로 가열해야 합니다. 이 정도의 온도는 평범한 화덕에서도 낼 수 있습니다. 돌을 불에 달구면 열에 약한 성분이 녹으면서 돌의 성질이 유리질로 변합니다. 그리고 유리질로 변한 돌은 그냥 돌보다 더 섬세하게 가공할 수 있습니다. 열처리 과정에서 조직이 치밀해지고 내부의 균열이 메꿔졌기 때문입니다.

돌의 열처리 상태는 육안으로도 확인할 수 있습니다. 돌에 포함되

솔루트리언 문화기의 창끝

단단한
고고학

어 있던 금속성 산화물이 녹아서 표면이 독특한 색으로 변하기 때문입니다. 또한 표면의 광택도 다릅니다. 지금으로부터 2만 년 전에 광물의 물리적 변화를 실생활에 적용하였다는 게 놀랍습니다.

생식에서 화식으로: 두뇌 발달의 마지막 관문

불의 마지막 무대는 바로 요리입니다. 앞서 한 조각의 날카로운 돌이 인간을 육식 생활로 이끌었다고 설명했는데요, 불은 그 고기에 영양 증진이라는 부가 가치를 더했습니다. 식습관 변화와 영양 증대는 인간의 신체까지 바꾸었습니다.

민족지 연구를 보면 원시 부족은 고기만 구워 먹은 것이 아니라 식물의 뿌리나 열매도 익혀 먹습니다. 최초로 화식을 시작한 인류도 비슷했을 것입니다. 불에 익힌 음식은 가장 먼저 소화 기관에 영향을 줍니다. 음식을 적게 씹게 된 만큼 치아와 턱, 저작근의 부담이 줄어듭니다. 섬유질이 열에 의해 물러졌으니 소화 기관도 최소한의 움직임으로 음식물을 영양으로 바꿀 수 있습니다. 익히는 과정에서 영양이 소실되기도 하는데요, 그보다 소화 흡수량이 늘어나서 얻는 이득이 훨씬 큽니다. 특히 익힌 채소는 생 채소보다 두 배 잘 소화됩니다. 결과적으로 화식은 생식에 비해 적은 양의 음식으로도 생존할 수 있게 우리 신체를 바꾸었습니다.

고기는 어떨까요? 고기가 익을 때 마야르Maillard 반응(식품을 고온으로 가열했을 때 색이 갈색으로 변하는 현상입니다)이 일어나면 고소하고 달콤한 풍미가 주변에 번집니다. 그 냄새를 맡으면 우리 몸 안에서 세포들이 요동칩니다. 고기를 익히면 생으로는 소화하기 힘든 질긴 힘줄과 근육도 고스란히 몸에 흡수됩니다. 음식이 충분하지 않았던 구석기 시대에는 먹을 게 있을 때 충분히 먹어야 하고, 먹은 걸 전부 에너지로 사용할 수 있어야 살아남을 확률이 커집니다. 그 과정에서 인간은 잉여 에너지를 지방으로 저장하기 시작했다고 추론하는 연구도 있습니다.

화식으로 인한 영양 섭취 증가는 뇌가 커지는 데에 크게 기여했습니다. 진화 과정에서 두뇌의 발달이 어떤 결과를 이루어 냈는지 생각해 본다면 불이야말로 인류 문명의 진정한 기반이라고 말할 수 있습니다.

인간은 자연계의 모든 동물들이 두려워하던 불을 과감히 취해서 안전과 안위를 확보할 수 있었고, 기술을 발전시킬 수 있었으며, 그 결과는 예상치 못했던 신체 진화로 이어졌습니다. 타오르는 불 가까이로 조심스럽게 다가가 두려움과 호기심이 가득한 눈으로 일렁이는 불길을 바라보았을 어느 호모 에렉투스의 머릿속 생각이 궁금해집니다. 그의 눈동자는 어린 시절 방구석에서 깡통 속 일렁이는 불을 바라보던 제 눈동자와 분명히 닮아 있을 것 같습니다.

온통 얼어붙은 세상에서
뭘 먹고 사나?

프랑스 펭귄과 한반도 매머드의 증거

저는 강원도 대관령 동쪽 바닷가의 소년이었습니다. 동해안에는 가끔씩 무시무시한 폭설이 내리곤 합니다. 1990년의 어느 날에는, 적설량이 무려 1.3미터 이상이었습니다. 눈이 그치고도 일주일 정도는 눈치울 생각조차 하지 못했습니다. 쌓인 눈 사이로 굴을 뚫어서 길을 만들고 집과 집을 연결했던 기억이 새록새록 떠오릅니다.

지금도 순간 적설량이 조금만 많아지면 온 사회가 마비되곤 합니다. 폭설에 멈춰 선 자동차들이 도로를 가득 채우고 있는 뉴스를 해마다 보았을 것입니다. 눈의 무게를 견디지 못한 건물 지붕이나 담이 무너지기도 합니다. 만약 전기라도 차단되면 잠시 동안 원시 상태가 찾아옵니다. 어둠과 추위가 주위를 휘감는 순간 우리는 비로소 거대한 자연을 체감합니다.

이야기의 배경을 잠시 프랑스로 옮겨 가 보겠습니다. 프랑스 남부의 항구 도시 마르세유Marseille의 위도는 북위 43도로, 한반도 최북단 함경북도 온성군과 비슷합니다. 1985년 그곳의 칼랑크Calanque 국립 공원을 탐험하던 수중 다이버들이 해수면 아래 37미터 지점에서 동굴 입구를 발견하였습니다. 바로 코스케 동굴입니다. 동굴 안으로 들어갔더니 통로가 점점 높아지다가 결국 수면 위로 올라왔습니다. 놀랍게도 그 안에는 구석기 시대 삶의 흔적이 남아 있었습니다. 코스케 동굴 벽화에는 펭귄도 있었습니다. 좀 이상하지 않나요? 프랑스에는 펭귄이 살지 않는데, 구석기인들은 뭘 보고 그림을 그렸을까요. 결론을 요약하면 코스케 동굴은 지금부터 약 2만 5000년 전 구석기인의 거주지로, 그 시기(빙하기)의 해수면은 지금보다 100미터 이상 낮았습니다. 그 무렵 프랑스 남부 해안에 펭귄이 서식했던 것입니다.

우리나라에서도 꽤 다양한 동물 뼈 화석이 발굴됩니다. 유적에서 나온 뼈는 당시 사람들의 사냥과 육식 경향을 보여 주기도 하지만 과거의 기후를 알려 주기도 합니다. 함경북도 종성군의 동관진 유적에서는 한반도가 무척 추웠던 시기에 살던 동물—매머드와 털코뿔소, 대형 사슴 등—의 뼈가 발견되었습니다. 우리나라 산과 들에 매머드가 살았다니, 상상만 해도 가슴이 두근거리지 않나요. 충청북도 청주시 인근의 두루봉 동굴에서도 다량의 동물 뼈가 발굴되었습니다. 그중에는 짧은꼬리원숭이, 하이에나, 코뿔소 뼈도 있습니다. 지금은 동물원에 가야 볼 수 있는 동물로, 적도와 가까운 아열대 지역에 주로 서식합니다. 한반도가 지금보다 훨씬 더웠던 시기를 보여 주는 흥미로운 증거입니다. 빙하기와 빙하기 사이 간빙기에 한반도의 기온이 아열대 지역만큼 뜨거워지면서 이 동물들이 북상했던 흔적이 화석으로 남아 있습니다.

뜨거워진 지구, 원인은 무엇인가?

북반구 중위도에 위치한 한반도는 가장 극심했던 빙하기에도 얼음으로 뒤덮이지 않았습니다. 아마 한대나 아한대 기후였던 것으로 보입니다. 지금의 러시아 모스크바나 알래스카 앵커리지와 기후 조건이 비슷했습니다. 지금보다 겨울이 훨씬 길고 눈도 많이 내리고 콧물이 얼어붙을 정도로 추웠을 것입니다. 추위로 인해 숲이 줄어들면서 먹을 열매나 뿌리식물을 찾기가 어려워졌습니다. 그러나 인간은 가장 절망적인 순간에 희망을 발견하는 능력이 있습니다. 추운 지역에 사는 동물은 덩치는 크지만 움직임이 느립니다. 추위를 견디려 피하 지방을 축적했기 때문입니다. 그 결과 인간 입장에서는 사냥이 수월해졌습니다. 식물성 식량은 줄었지만 동물성 식량은 오히려 풍부해졌습니다. 우크라이나 메지리히의 매머드 뼈로 만든 집은 구석기인의 식생활이 얼마나 풍요로웠는지를 단적으로 보여 주는 증거입니다.

과학이 발전하면서 우리는 지난 500만 년 동안 지구의 기후 변화를 파악할 수 있게 되었습니다. 약간의 상식을 더해 정리하면 그 원리는 다음과 같습니다.

우리 주변을 둘러싸고 있는 대기와 물에는 여러 종류의 산소'들'이 포함되어 있습니다. 일반적으로 산소는 원소 기호 'O'로 표기합니다. 수소 원자 두 개와 산소 원자 한 개가 결합한 물을 H_2O라고 씁니다. 그런데 산소가 생성될 때, 주변 환경 차이로 인해 중성자 수의 구성이 조금씩 변합니다. 그 결과 화학적으로는 같은 산소지만 중성자의 수만큼 무게가 달라집니다. 중성자가 12개인 산소 ^{12}O부터 26개인 산소 ^{26}O까지 그 종류가 많은데, 이것들을 산소 동위 원소라고 합니다.

우리가 주로 호흡하는 산소는 ^{16}O입니다. 물을 H_2O라고 쓴 것에서 이미 눈치채셨겠지만 원소 개수는 오른쪽 아래에, 중성자 개수는 왼쪽 위에 표기합니다. 과학자들은 중성자 개수에 따라 무게가 달라진다는 점에 착안했습니다. 무게가 다른 산소들은 온도 변화에 민감하게 반응하기 때문입니다. 그러니까 만약 1만 년 전의 공기나 물을 구할 수 있다면 거기에 들어 있는 산소 동위 원소의 종류와 양을 측정해서 기후를 유추할 수 있습니다.

기후 변화는 산소 동위 원소 ^{16}O와 ^{18}O를 비교해 연구합니다. 두 동위 원소 중 ^{16}O는 ^{18}O보다 가볍기 때문에 온도가 상승하면 ^{16}O가 더 빨리 증발합니다. 이런 조건에서 공기 중 ^{16}O의 양이 ^{18}O보다 많아집니다. 반대로 온도가 낮아지면 ^{16}O의 양이 줄어듭니다. 온도가 1도 변할 때마다 두 원소의 비율은 약 0.7퍼센트씩 차이가 납니다. 과학자들은 깊은 바다의 퇴적층을 채굴하여 이러한 방법으로 시기별 산소 동위 원소의 비율 변화를 계산했습니다. 그리고 기후 변화의 추이를 통하여 전반적 환경 변화를 유추했습니다. 이에 따르면 현재는 빙하기가 끝난 후 맞이한 간빙기입니다. 동시에 지난 수백만 년을 통틀어 평균 기온이 가장 낮은 간빙기이기도 합니다. 즉 간빙기이긴 하지만 과거의 간빙기에 비해 덜 따뜻하다는 뜻입니다. 지구의 기온 변화 추이를 참작한다면 앞으로 지구는 더 뜨거워질 수 있습니다.

여담으로, '온난화'는 지구촌 전체의 이슈가 되었습니다. 그런데 온난화 문제를 들여다보면 '탄소 배출권'이라는 글로벌 경제 논리가 직결되어 있습니다. 탄소 배출권은 화석 연료를 많이 사용할 수밖에 없는 후발 산업 국가들에게 족쇄가 되고 있습니다. 이들이 선진국으로 인정받기 위해선 탄소 배출 문제를 해결해야만 합니다.

18세기 산업혁명 이후 지금까지 가늠할 수 없을 정도의 석탄과 석유를 태우며 엄청난 양의 탄소를 배출한 서구 선진국은 그 덕분에 세계 경제의 리더가 되었습니다. 그런데 이제 와서 다른 나라들에게 탄소 배출을 줄이라고 말하는 게 과연 공정한 제안일까요. 온난화를 강조할수록 국가 간의 빈부 차이는 고착화될 것입니다. 화석 연료를 아무런 제한 없이 사용하자는 말은 아닙니다만, 지금보다 더 공정하고 현명한 대안이 필요해 보입니다.

돌 고르는 사람들

최초에서 최고로: 진화를 향한 경주

대학교 1학년 때 구석기 시대에 관심을 갖기 시작하면서 가장 먼저 흥미로웠던 부분이 '인류의 진화'였습니다. 당시에는 호모 사피엔스인 '우리 인류'가 역경에 맞서 부단한 노력을 경주한 결과 성공적인 진화를 이루었다고 생각했습니다. 지금 보니 인류에 대한 섣부른 자신감이었네요. 결과적으로는 상당 부분 잘못된 시각이지만, 전적으로 잘못 생각한 것도 아닙니다. 특히 진화의 어느 시점에서 인류가 채용한 물질문화의 발전 측면에서는 더욱 그렇습니다. 그 출발점에 해당하는 뗀석기는 인류의 자랑입니다. 진화의 과정은 자연환경과 영향을 밀접하게 주고받습니다(사실은 일방적으로 자연의 영향을 받는 쪽에 가깝습니다). 물질문화도 마찬가지입니다. 사용할 수 있는 자원의 양과 질에 따라 발전의 정도가 제한됩니다. 그런 면에서 평가하자면 한반도는 구석기 시대부터 자원 사정이 넉넉하지 않았습니다. 뗀석기로 한정해서 보더라도 가장 중요한 석재가 다른 지역에 비해 열악합니다.

연구자들은 약 300만 년에 걸친 구석기 시대를 크게 전기, 중기, 후기로 구분합니다. 시기를 나누는 기준은 뗀석기 제작 기술의 발달 정도입니다. 석기 기술의 발달에 따라 구분한 구석기 시대의 각 시기는 인류의 진화 과정과도 대략 일치합니다. '진화'를 한마디로 요약하면 지구상에 출현한 여러 종의 인류 가운데 지적 수준이 높은 종들이 생존한 과정입니다. 멸종한 종 가운데 신체가 유난히 강한 종도 있었지만, 결국 두뇌가 우수한 종이 자연선택된 것입니다.

지적 능력의 향상은 약 300만 년 동안 뗀석기 제작 기술이 발달한 과정에 분명하게 드러납니다. 날카로운 돌조각을 주워서 쓰던 수준에서 팽팽한 줄의 힘을 이용해 물체를 멀리 날려 보내는 활을 사용하는 단계까지 옮겨 갔으니까요. 더구나 석기의 발달은 현생 인류 한 종에 국한된 것이 아니라, 오스트랄로피테쿠스부터 호모 사피엔스까지 꾸준히 이어지고 누적된 지적 문화유산이기에 의미가 더욱 큽니다.

처음으로 석기를 만들었다고(혹은 사용했다고) 추정하는 인류는 오스트랄로피테쿠스와 호모 하빌리스Homo habilis입니다. 그런데 그 시작은 어땠을까요? 석기 사용의 동기에 대해서는 여러 가지 추론이 존재합니다. 그중 하나가 길을 가던 고인류가 날카로운 돌조각을 밟고 피를 흘렸고, 그 모습을 지켜본 동료가 돌조각을 들고 죽은 동물의 살점을 잘랐을 것이라는 설명입니다.

시작이 어찌되었든 어느 시점부터 인류는 '의도'를 갖고 돌을 깨기 시작했습니다. 초기의 뗀석기는 큰 돌을 이리저리 깨트려서 만들거나 그 과정에서 떨어져 나온 날카로운 격지를 사용했습니다. 이 시기에는 까다롭게 돌을 고르지 않았습니다. 실험 고고학 연구도 초기에는 돌의 종류가 결과물의 완성도에 영향을 주지 않은 것으로 봅니다. 그러나 주먹도끼부터는 이야기가 달라집니다.

다양화·표준화·대량 생산

주먹도끼는 인간이 만든 물건 중 최초로 좌우가 대칭을 이룹니다. 즉 표준화된 형태가 생겼다는 뜻입니다. 주먹도끼의 제작자는 처음부터 좌우 대칭을 목표로 돌을 다듬었습니다. 이때 관건은 제작자가 원하는 대로 돌을 깰 수 있느냐입니다. 누구나 다 주먹도끼를 만들 수 있었을까요? 그 답은 우리도 직접 확인할 수 있습니다.

손재주가 좋은 분들은 밖으로 나가서 주먹만 한 돌을 찾아보세요. 기왕이면 강가에서 몽돌을 구해 오는 것이 좋습니다. 그런 다음에 이 돌로 저 돌을 부딪쳐서 깨 보기 바랍니다. 정답을 알기까지 1분도 안 걸릴 것입니다. '아! 마음먹은 대로 돌을 깨는 게 보통 일이 아니구나!'

주먹도끼를 만들려고 고민한 인류는 호모 에렉투스입니다. 그들은 무수한 시행착오를 겪으며 제작 원리를 이해했고, 그 과정에서 어떤 종류의 돌이 좋은 돌인지, 그중에서도 특히 어떤 돌이 도구를 만드는 데 적합한 돌인지 깨달았습니다. 여기서 '좋은 돌'이란 결정 구조가 없으면서 구성 입자가 곱고 입자의 결합력이 적당한 돌입니다.

돌의 결정 구조는 석기 제작의 가장 중요한 요소입니다. 결정이 있으면 충격을 가했을 때 내가 원하는 모양이 아니라 원래의 결정을 따라서 돌이 깨집니다. 다음으로 구성 입자가 중요한데요, 입자가 크고 거칠수록 예리하고 정교하게 다듬기 힘듭니다. 돌이 너무 단단해도 도구로 가공하기 어렵습니다. 시간이 더 지나서 네안데르탈인의 르발루아 기술과 호모 사피엔스의 돌날 기술 단계로 접어들면 돌을 고르는 기준이 더욱 까다로워집니다.

고고학자들은 석기 제작 기술의 발전에서 몇 가지 경향을 발견했습니다. 먼저 석기가 기능에 따라 분화되면서 종류가 다양해졌습니다(다양화). 개별 석기가 다용도 도구에서 한 가지 기능만 가진(그래서 더욱 정밀한) 도구로 진화한 것입니다. 다음으로 같은 기능을 가진 석기는 비슷한 모양으로 만들었습니다. 일종의 표준화라고 할 수 있습니다. 마지막으로 표준화된 석기를 대량 생산하기 시작합니다. 우리가 지금까지 살펴 본 주먹도끼, 르발루아 찌르개, 돌날 석기, 화살촉은 석기의 발전 단계를 대표하는 유물입니다.

이 과정의 핵심은 좋은 돌을 끊임없이 탐색하는 것입니다. 뉴스에서 최첨단 산업의 뿌리인 소위 '소부장(소재·부품·장비) 산업'의 중요성을 강조하는 이야기를 들은 적 있나요? 구석기 시대에는 돌이 바로 소부장에 해당합니다. 그리고 그 정점에 있는 최상의 돌은 천연 유리로

규암

플린트

흑요석

일컬어지는 흑요석입니다.

일본은 전 국토에 화산과 지진 지대가 걸쳐 있어서 지각이 불안정합니다. 그런데 그 위험이 어디서나 최고의 석재인 흑요석이 산출된다는 장점을 낳기도 했습니다. 한편 아프리카나 유럽의 주요 유적 주변에는 석기 만들기에 아주 좋은 처트chert나 플린트flint 석재가 풍부합니다. 그에 반해 한반도는 흑요석이 풍부한 백두산 주변과 혼펠스와 셰일이 있는 일부 남부 지역을 제외하면 화강암, 화강편마암, 규암, 천매암, 석회암, 점판암이 우세합니다. 그리고 이 돌들은 하나같이 석기로 가공하기에 그리 좋은 편이 아닙니다.

백두산 인근에서 발견된 58센티미터 크기의 거대한 흑요석 돌날몸돌이나 대구 월성동 유적에서 쏟아져 나온 수백 점의 돌날과 좀돌날몸돌은 아주 예외적인 사례입니다. 나머지 지역에서는 열악한 석재를 최대한 정선해서 사용해야 했습니다. 그래서 한반도의 석기들은 모양이 불규칙하거나 엉성해 보이는 것이 사실입니다. 주어진 환경이 그런 걸 어쩌겠어요. 이런 조건에서 한반도의 호모 사피엔스는 종 최대 장점인 '적응력'을 십분 발휘했습니다.

한반도의 구석기인은 흔한 석영이나 규암 중에서 쓸 만한 석재를 선별하고 거기에 맞는 기술과 도구를 발달시켰습니다. 흑요석을 사용하는 데 익숙해진 일본의 실험 고고학자들은 한반도의 석영과 규암으로 석기를 제작하는 데에 어려움을 느낍니다. 그에 비해 한국의 실험 고고학자들은 주먹 크기의 망치돌로 단단한 규암을 팡팡 깨서 척척 주먹도끼를 만듭니다. 규암에 비하면 흑요석은 물러서 깨는 재미가 부족

대구광역시 월성동 유적의 혼펠스 좀돌날몸돌
좀돌날이 곧게 쭉쭉 떨어진 흔적이 선명하게 남아 있다

하다고 말하는 연구자도 있습니다.

구석기 시대에도 크게 다르지 않았을 것입니다. 석재 자원이 충분하지 않은 남한 지역에만 거의 1000개소 이상의 구석기 유적이 발견된 것을 보면, 한반도의 사람들은 그때에도 환경의 한계를 극복하며 묵묵히 삶을 개척했던 것 같습니다.

단단한
고고학

인류애의 기원을 찾아서

휴먼의 휴머니티

얼마 전까지도 한국에서는 지인이 상을 당하면 주변 사람들이 십시일반으로 상가를 지키고 조문객을 맞으며 운구를 함께 했습니다. 흰 장갑을 끼고 상여를 나눠 든 상여꾼은 상주와 한마음이 되어서 눈시울을 붉혔습니다. 그러나 요즘엔 장례 전문 업체에서 파견한 장례 지도사가 그 과정을 척척 이끌어 갑니다. 복잡한 과정을 대신해 주니 편리한 점이 많지만, 가까운 사람들과 감정을 나누고 슬픔을 위로하는 시간은 줄어든 것 같습니다. 그러나 이마저도 가까운 장래에는 아예 사라지지 않을까요.

사람이 하던 일을 기계가 대신하는 모습이 이제는 낯설지 않습니다. 최근의 코로나 팬데믹은 그동안 직접 만나서 하던 일도 모니터를 보고 하는 방식으로 바꾸어 놓았습니다. 앞으로도 시간과 공간의 제약 없이 일하는 비대면 업무 방식이 계속 확산될 것 같습니다.

삶을 구성하는 가장 기본 요소인 의식주 생활도 많이 변했습니다. 음식점이나 카페에 들어가면 "어서 오세요"라는 사람의 목소리 대신 키오스크 자동 주문 기계가 우리를 맞이합니다. 잠시 후에는 음식이 나왔음을 알려 주는 주문 번호가 모니터에 표시됩니다. 이렇게 한마디도 하지 않고 음식을 주문하고 받는 일이 점점 늘어나고 있습니다. 수많은 사람과 함께 살고 있지만 때로 곁에 아무도 없는 것 같은 쓸쓸함을 느끼곤 합니다. 이러다 따스한 인간애마저 없어지고 마는 것 아닐까요?

고인류의 학명에 '인간'이란 뜻의 호모Homo가 붙은 것은 오스트랄로피테쿠스와 비슷한 시기에 살았던 호모 하빌리스와 호모 루돌펜시스Homo rudolfensis부터입니다. 이들은 오스트랄로피테쿠스보다 두뇌 용적이 약간 더 크고 신체 골격도 진화한 종입니다. 그런데 뒤이어 나타난 호모 에렉투스는 사뭇 달랐습니다. 이때부터 인류는 완전히 꼿꼿한 자세로 걷기 시작했습니다. 아마도 지금 우리가 먼 거리에서 호모 에렉투스를 본다면 현대인과 구분하지 못할 것입니다. 하빌리스와 루돌펜시스가 '호모 1.0'과 '호모 1.5' 버전이었다면 에렉투스는 '호모 2.0'인 셈입니다. 이렇게 신체가 쉴 새 없이 진화하던 초기의 인간들은 얼마나 '인간적'이었을지 궁금합니다. 지금부터는 초기 인류의 인류애에 관하여 알아보겠습니다(하빌리스와 루돌펜시스는 정보가 거의 없기 때문에 일단 제외하겠습니다).

돌봄과 치료의 흔적

호모 에렉투스는 다기능 도구이자 예술의 맹아를 품고 있다고 평가되는 주먹도끼의 창시자입니다. 뿐만 아니라 불을 자유자재로 다루었고, 고인류의 요람인 아프리카를 벗어난 첫 인류라는 수식어가 그들을 따라다닙니다. 진화의 측면에서는 털이 거의 사라졌고, 점점 길어지는 성장기의 양육 부담을 공동 육아로 대처하기도 했습니다. '공동 육아론'은 사회성이 급격히 강화된 것으로 보이는 유물 현황을 기반으로 설정한 가설입니다. 뇌 용적의 증가와 불의 사용, 음식 분배, 창을 이용한 집단 사냥 등은 모두 인류의 사회성이 강화되었음을 암시합니다. 혹자는 현대인의 사회성이 호모 에렉투스로부터 본격화되었다고 설명합니다. 여기에서 미국의 인류학자 커스틴 호크스Kirsten Hawkes 등이 제기한 '할머니 가설Grandmother hypothesis'을 참조할 수 있습니다. 육상 동물계에서 번식 능력을 상실한 이후에도 생존하는 종은 인간뿐입니다. 할머니 가설은 이것이 인간 진화 과정에서 생성된 '손자 돌봄 기능'과 관계 있다고 설명합니다. 인간은 출산 과정에서 반드시 모체의 골반을 통과해야 하기 때문에 태아의 뇌는 일정 크기 이상으로 커질 수 없습니다. 막 태어난 아기의 뇌는 성인의 3분의 1 크기에 불과하고, 이후 청소년기까지 오랫동안 뇌가 자랍니다. 뇌는 진화 과정에서 계속 커졌고, 그것에 비례하여 생후 성장 기간도 길어졌습니다. 반복해서 자녀를 출산하는 어머니 혼자서 길고 긴 육아기를 감당하기는 어렵습니다. 할머니 가설은 인류가 할머니, 이모, 아버지 등이 참여하는 집단의 공동 육아 시스템을 도입해 개체와 집단의 생존 가능성이 높아진 일종의 '자연 선택'이었다고 이해합니다. 여기에서 한 걸음 더 나아가면, 현대의 어린이집, 유치원, 초·중등학교 같은 공공 보육과 교육 체계 역시 호모 에렉투스가 본격화한 공동 육아에서 출발했다고 간주할 수 있습니다.

그런데 그들이 동료 인간을 어떤 시선으로 바라보았는지에 대해서는 매우 단편적인 증거밖에 없습니다. 수십 구의 인골이 발견된 스페인의 아타푸에르카 유적은 확실히 단정하기는 어렵지만 매장 유적일 가능성이 제기되었습니다. 발굴 과정에서 약 30구의 인골과 함께 붉은색 규암으로 만든 주먹도끼 한 점이 나왔는데, 이 주먹도끼를 죽은 이들을 위한 부장품으로 본 것입니다. 사람들은 영국 아서왕King Arthur의 전설에 등장하는 전설의 명검을 떠올리며 주먹도끼에 '엑스칼리버Excalibur'라는 이름을 붙였습니다. 엑스칼리버는 강력한 힘은 물론이요 사람을 치유하는 신비한 능력도 있었다고 하는데, 그 점에 착안한 것 같습니다. 하지만 30구의 인골 곁에 있던 주먹도끼 하나로는 매장 여부를 증명하기 어렵습니다. 공동 육아 역시 다른 영장류에서도 발견되는 현상이니, 이 단계까지는 현대인과 외형만 비슷했다고 보는 편이 좋을 것 같습니다.

그렇다면 네안데르탈인은 어떨까요? 네안데르탈인은 호모 사피엔스보다 먼저 출현했고 한동안 함께 살았으며 호모 사피엔스와 유전자도 교환했습니다. 쉽게 말해서 호모 사피엔스와 결혼하고 아이를 낳았다는 말입니다. 그 결과 현대인의 유전자에는 네안데르탈인의 유전자가 남아 있습니다. 그들은 사냥의 달인이고 석기 제작 기술도 뛰어났지만, 약 3만 년 전에 어떤 이유에서인지 멸종했습니다.

그동안의 발굴 조사에 의하면 네안데르탈인은 동료의 주검을 매장하는 풍습을 갖고 있었던 것이 확실합니다. 대표적인 증거가 약 5만 년 전의 것으로 추정되는 프랑스의 동굴 유적 샤펠오생Chappelle aux Saints입니다. 이곳에 매장된 사람은 60세 전후의 노인입니다. 구석기 시대의 평균 수명을 30세로 보는 견해에 비추면 60세는 경탄할 정도

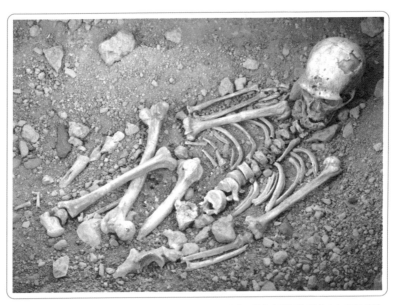

프랑스 샤펠오생에서 발견된 무덤 속 노인의 유골

로 장수한 나이입니다. 출토된 뼈를 면밀히 조사해 보니 그는 사망하기 전에 치아가 거의 남아 있지 않았습니다. 게다가 척추와 관절 마디마디가 염증으로 손상되어 있었습니다. 이런 상태라면 스스로 걷기도 힘들고 음식을 먹기도 어려웠을 것입니다.

여기서 우리가 주목해야 할 부분은 노인이 이런 상태로 상당 기간 생존했다는 점입니다. 그는 예순 살 무렵까지 천수를 누린 뒤 정성껏 조성한 무덤에 매장되었습니다. 이 사례는 이 시기에 인류가 집단의 생존에는 보탬이 되지 않는 동료를 끝까지 보살폈고 사망 후 장례를 치르고 애도했다는 사실을 보여 줍니다.

떠나가는 사람을 향한 애도

네안데르탈인은 사냥감에 가까이 근접해서 창으로 찌르는 방식으로 동물을 사냥했습니다. 그들의 대표적인 석기 제작 방식인 르발루아 기술이나 무스테리안Mousterian 방식으로 만든 창끝의 날카로움이 이 추정을 뒷받침합니다. 호모 사피엔스에 비해서 더 크고 튼튼한 골격을 가진 네안데르탈인은 사냥감을 향해 용감하게 돌진했고 거친 몸싸움 끝에 사냥감을 제압했습니다. 이 과정에서 필연적으로 부상자가 발생했습니다. 네안데르탈인의 무덤 유적에서 발굴된 인골에 유난히 골절 흔적이 많다는 점이 이 설명을 방증합니다. 혈연을 중심으로 20~30명이 함께 생활하는 공동체에서 구성원의 부상은 개인뿐 아니라 집단의 생존까지 위협합니다. 따라서 부상자를 정성껏 돌보고 회복시키는 일이 매우 중요했을 것입니다.

호모 사피엔스의 시대가 되면 무덤의 수가 늘어나고, 무엇보다 망자를 화려하게 장식하기 시작합니다. 호모 사피엔스들은 이전에는 없던 다채로운 동굴 벽화나 조각 예술품, 악기 등을 만들었습니다. 이것은 순수한 예술 행위가 아니라 집단의 결속을 강화하고 상처를 치유하는 의식과 연결되어 있었을 가능성이 큽니다. 예컨대 구성원의 장례 의식 말입니다.

호모 사피엔스의 무덤 가운데 가장 화려한 사례는 이탈리아의 아렌 캉디드 유적에서 발견된 10대 초반 소년의 무덤입니다. 무덤을 조성

이탈리아 아렌 캉디드 무덤에서 출토된 소년의 유골(복원 전시)

할 때 붉은색을 내는 산화철을 뿌려서 무덤 내부와 인골이 온통 붉게 물들었습니다. 머리 근처에 다량의 구멍 뚫린 작은 조가비가 흩어져 있는 것으로 보아서 조가비 장식 모자를 쓰고 있었던 것으로 추정합니다. 같은 조가비가 목과 양쪽 팔목 주변에도 흩어져 있고, 가슴 앞에는 청자고둥류 조개가 한 점 있습니다. 이를 보고 목걸이와 팔찌도 착용했다고 추측합니다. 무릎에는 상아로 만든 걸개가 있었는데요, 특별히 만든 신발을 신고 있었을 것입니다. 한편 한쪽 끝이 뾰족하고 반대쪽에는 구멍이 뚫린 동물 뼈 가공품 네 점이 양쪽 어깨와 가슴, 허리에 있었고, 오른손은 검은빛의 긴 돌날 한 점을 꼭 쥐고 있었습니다.

이 무덤에는 어린 자식을 잃은 부모의 마음이 가득 담겨 있습니다. 고운 옷을 입히고 장신구를 걸어 주었지만 그 무엇으로도 부모의 슬픔을 씻을 수 없었을 것입니다. 아들이 좋아했던 돌날을 손에 쥐여 주는 마지막 순간에 그들은 어떤 말을 했을까요.

동료의 주검을 매장하는 존재는 인간이 유일합니다. 나무와 돌로 만든 도구로 매장할 땅을 파려면 상당한 노동력이 필요했을 것입니다. 그만큼 떠나가는 이에 대한 사랑이 컸다는 뜻입니다. 이후 시간이 흐르면서 무덤에 들이는 공력은 사랑이 아니라 권력의 크기를 보여 주기도 합니다. 매장은 네안데르탈인이 호모 사피엔스에게 물려준 유산입니다. 고단한 삶 속에서도 부상당하거나 노쇠한 구성원을 정성을 다해 보살피고, 숨을 거둔 후에는 기꺼이 땅에 묻어 준 네안데르탈인 또한 따스한 인간애를 갖고 있었음이 분명합니다.

대량 생산과 분업: 3만 년 전의 산업사회

구석기 도구 제작의 혁명

하루 8시간, 한 주 40시간 일하는 제도가 도입되었지만, '일과 생활의 균형Work-life balance'을 잡고 사는 사람이 얼마나 될까요. 오늘날 사람들은 원하는 수준의 의식주를 쟁취하기 위해 일에 몰두합니다. 정해진 시간에 출퇴근하는 노동 형태는 1700년대 후반 산업혁명을 기점으로 나타났습니다. 그리 오래되지 않았지만 '정기 급여' 형태의 보상과 결합하며 빠르게 정착하고 단단하게 뿌리를 내렸습니다. 그리고 노동의 대가로 받은 화폐에 무엇으로든 다 교환할 수 있는 절대 가치를 부여했습니다.

이제 사람들은 창과 활이 아니라 지갑을 들고 사냥에 나섭니다. 사냥터는 바로 드넓은 대형마트! 사냥에 필요한 도구는 없습니다. 익숙한 손놀림으로 진열된 물건을 카트로 옮긴 뒤 신용카드만 내밀면 됩니다. 힘들이지 않고 신선한 고기가 내 손에 쏙! 싱싱한 과일과 가지런히 포장된 채소도 입맛대로 고르면 그만입니다. 현대는 남녀노소 누구든 아무 때나 사냥을 할 수 있는 시대입니다. 심지어 휴대전화 버튼만 몇 번 누르면 사냥의 즐거움이 채 가시기도 전에 사냥감이 집 앞으로 배달됩니다.

구석기 시대에는 먹고살기 위해 하루에 몇 시간씩 일했을까요. 현대 수렵 채집민의 생활을 토대로 추측해 볼 수 있습니다. '!쿵족'(그들의 언어로 '보통 사람'이라는 뜻)은 영화 〈부시맨〉 덕분에 유명해진 아프리카 칼라하리 사막의 수렵 채집 부족입니다. 그들은 견과류의 일종인 몽곤고mongongo 열매를 주식으로 삼고 수렵과 채집으로 생계를 이어 갑니다. 호두처럼 생긴 몽곤고 나무 열매는 지천에 널려 있다고 해도 과언이 아닙니다. 그래서 언제나 부족원이 먹을 만큼만 동물을 사냥합니다. 덕분에 그들은 일주일에 이삼일만 일하고 사오일은 쉴 수 있습니다. 이들의 생활 패턴을 보면, 선사 시대에는 인류의 생존 자체가 힘들었을 것이라는 생각이 현대인의 편견일지도 모르겠습니다.

이제부터 고고학적 연구 성과를 토대로 선사 인류는 실제로 어떤 활동을 했는지 자세히 보겠습니다. 구석기 시대 사람들의 도구는 돌이나 나무, 뼈로 만들었습니다. 현대인의 눈에는 아주 단순하고 조악해 보입니다. 그래서일까요. 사람들은 석기를 그저 신기하게만 여길 뿐 어떻게 만들고 어디에 사용했는지는 궁금해하지 않습니다. 진짜 비밀은 거기에 숨어 있는데 말이죠.

인류가 진화를 시작한 지 700만 년이 지났습니다. 매 순간 아주 느리게 진화했지만 그 결과는 믿을 수 없을 만큼 확실하고 굉장합니다. 도구 역시 마찬가지였습니다. 인류가 땅바닥에 있던 조악한 돌멩이를 도구로 쓰기 위해서 처음 집어 든 것은 300만 년 전 무렵입니다. 이후 천천히 발전하던 도구는 호모 사피엔스의 손에서 비약적으로 변합니다. 그러니까 약 4만 년 전쯤의 일입니다.

고고학적으로 '돌날 기술'이라고 부르는 기술의 개발은 도구의 역사에서 혁명적 사건 중 하나입니다. 이전의 도구 생산을 '가내 수공업'에 비유한다면 이후는 '대량 생산의 시대'라고 할 수 있을 정도입니다. 최근 중국 쪽 백두산에서 길이 50센티미터가 넘는 흑요석 돌날몸돌이 발견되어 학계를 깜짝 놀라게 했습니다. 한반도를 포함한 동아시아에서는 백두산 일대와 그 북쪽이 돌날 기술의 중심지였다고 추측됩니다. 백두산 일대는 흑요석이 풍부했으니까요. 돌날 기술의 핵심은 하나의 몸돌에서 여러 개의 돌날(길쭉하고 곧은 격지)을 만들 수 있다는 점입니다. 많게는 10개 이상도 가능합니다. 동시에 그렇게 만든 돌날은 크기와 모양이 모두 비슷합니다. 또한 양쪽 날이 날카로워서 그대로 사용할 수 있고, 조금만 가공하면 돌날을 창이나 송곳, 긁개, 밀개 등 다른 용도의 석기로 어렵지 않게 바꿀 수도 있습니다.

지금까지 설명한 특징을 종합하면 4만 년 전의 도구 혁명을 '표준

돌날몸돌(오른쪽 위)과 거기에서 나온 돌날들

화된 제품의 대량 생산'이라고 정의할 수 있습니다. 현대 산업 사회에 어울릴 것 같은 과정이 구석기 시대에도 (그 수준은 다르지만) 있었다는 이야기입니다. 이로써 생산성이 전보다 수십 배 향상되었을 뿐만 아니라, 완성된 석기의 질도 상향 평준화되었습니다. 결과적으로 사냥 성공률을 비롯한 생활 전반의 수준이 획기적으로 개선되었습니다. 4만 년 전 시작된 후기 구석기 시대 유적의 수가 갑자기 늘어나는 현상도 그 시기에 인류의 생활이 개선되었음을 증명합니다.

분업과 전문화

후기 구석기 시대 유적과 이전 시기 유적을 구분하는 뚜렷한 특징이 한 가지 더 있습니다. 자잘한 돌 파편이 집중적으로 모여 있는 '석기 제작장'의 존재 유무입니다. 구석기 시대 후기가 되면 하나의 유적 안에서 여러 개의 석기 제작장이 발견되는 경우가 있는데, 이때 제작장마다 다른 석재를 사용했다는 점이 무척 흥미롭습니다. 물론 그전에도 석기를 만드는 장소는 비교적 일정했을 텐데요, 어떤 이유에서인지 유적에서는 확인이 되지 않고 있습니다. 현대의 연구자들은 시간이 갈수

단단한
고고학

록 석기 제작이 훨씬 집중적·체계적으로 이루어졌다고 추정합니다.

대표적인 유적 두 곳을 소개하면, 먼저 강원도 홍천군 하화계리 유적이 있습니다. 이곳은 1992년 중앙고속도로 공사 중 육군 11사단 휴양소 담장 뒤편에서 발견되었습니다. 발굴을 통해서 석영 석기 제작장과 흑요석 석기 제작장이 20미터 거리를 두고 나왔습니다. 한반도에서 석영은 꽤나 흔한 석재이지만 흑요석은 무척 귀합니다. 원산지를 백두산으로 가정한다면 홍천까지 직선거리로 500킬로미터를 이동해 온 돌입니다. 이런 귀한 석재는 결코 낭비할 수 없었을 테니 흑요석을 전문으로 다루는 장인이 존재했거나 가장 뛰어난 장인이 특별한 장소에서 조심스럽게 작업했을 것입니다. 실제로 제작장에서 발굴한 흑요석 조각들은 허투루 깬 것이 거의 없습니다. 우리는 여기에서 분업과 전문화의 증거를 발견할 수 있습니다.

강원도 속초시 청호동에는 청초호라는 아름다운 호수가 있습니다. 과거 빙하기에 해수면이 오르락내리락하는 과정에서 생긴 석호潟湖입니다. 이후 청초호와 동해 바다 사이의 모래톱인 사주沙洲가 점점 커지면서 거기에서 구석기인들이 살기 시작했습니다. 여기에 살던 사람들은 바다와 호수에서 다양한 먹거리를 구할 수 있었을 것입니다. 최근 그곳에 아파트를 짓는 과정에서 대규모의 석기 제작장이 발견되었습니다. 직경 30미터의 면적에 무수히 많은 석기 조각이 둥글게 흩어져 있었고, 그 한가운데에 또 하나의 작은 제작장이 있었습니다. 10여 점의 모룻돌과 수백 점의 몸돌이 고르게 퍼져 있는 것으로 보아 여러 사람이 둘러앉아서 석기를 만들었다고 추측합니다. 다만 흑요석으로 만든 석기는 없고 대부분 그 지역에서 구할 수 있는 석재를 사용했습니다. 여러 블록에서 나온 석재와 석기들이 거의 동일한 것을 보았을 때 분담이 이루어진 것 같지는 않습니다. 그래도 이 정도의 규모라면 체계적으로 많은 양의 석기를 생산할 수 있었을 것입니다. 마치 전문가 집단의 공방 같은 모습입니다. 구석기 시대를 묘사하는 데 표준화, 대량 생산, 분업, 전문화 같은 첨단 산업화 시대의 용어를 사용하는 일이 조금 어색하기도 하지만, 그럼에도 증거는 분명합니다. 한반도의 호모 사피엔스에게는 일찍부터 산업 역군의 피가 흐른 것 아닐까요.

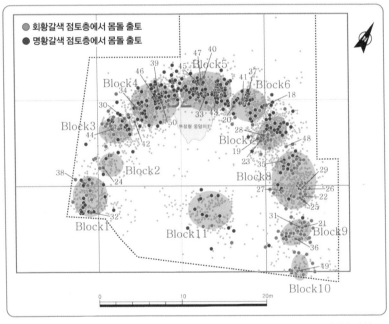

강원도 속초시 청호동 유적의 석기 제작장(분홍 영역)과 몸돌의 분포

단단한
고고학

고고학 연구는 선사 시대의 유물을 수단으로 삼지만, 결국에는 인간 삶의 복원을 지향합니다. 과거 어느 시점의 인구 규모나 인구 변동 추이를 탐구하는 것 역시 고고학 연구의 일부입니다. 인구의 증감을 통해 삶의 환경이나 문화의 변화에 관한 정보를 좀 더 분명하게 이해하고 해석할 수 있기 때문입니다. 고고학자들은 수만 년 전의 인구 규모를 짐작하기 위해 몇 가지 간접 지표를 이용합니다. 예컨대 유적이나 집터의 총 면적을 계산하거나 출토된 유물의 수량을 셉니다. 한 사람에게 필요한 적정 주거 면적을 3제곱미터로 설정한 후, 집터의 전체 면적이 300제곱미터라면 거주 인구가 100명가량이었다고 추산하는 방식입니다. 그럴듯해 보이나요? 하지만 원시 시대에는 집의 사용 기간이 짧았고 다시 짓는 일도 빈번했기 때문에 이 계산법은 신뢰도가 높지 않습니다.

최근에는 방사성 탄소 연대 측정으로 유적의 형성 시기뿐 아니라 인구 규모와 변동 추이를 파악하고 있습니다. 탄소 연대 중에서도 유기물을 시료로 측정한 연대를 참고합니다. 연대를 측정할 수 있는 유기물 기원 시료가 많으면 많을수록 인간 활동이 활발했다고 해석할 수 있기 때문입니다. 이때 특정 시간 범위에 연대 측정값이 집중된다면 해당 기간에 인구가 증가했다고 볼 수 있습니다. 이번에도 원리는 무척 간단하지요? 그러나 이 방식도 집단별 유기물의 양이 일정하지 않고, 유기물 보존 여건도 다르기 때문에 정확한 값을 구하기는 힘듭니다. 거기에 더해서 탄소 연대 측정은 4만 년 전까지만 측정할 수 있다는 한계도 있습니다.

아무튼 가용한 방법을 모두 동원하여 조사한 결과 후기 구석기 시대에 접어든 4만 년에서 3만 5000년 전 무렵부터 인구가 증가하기 시작해서 추위가 가장 극심했던 2만 년 전 무렵 절정에 달했다는 사실을 밝혔습니다. 이후 기온이 상승하면서 인구가 감소하다가 신석기 시대가 되자 다시 빠른 속도로 증가했습니다.

혹독한 기후 환경에서 인구가 증가하고, 온화한 환경에서는 감소했다는 설명이 지금의 상식으로는 이해가 잘 안 됩니다. 계산의 신뢰도를 재검토하고 결과를 해석하는 방식을 놓고 갑론을박 토론을 할 수도 있지만, 일단은 여기에서 멈추겠습니다. 단지 이 장에서는 문자 기록이 없는 구석기 시대를 이해하기 위해 별의별 방법을 동원한 연구자들의 끈질김에 박수를 쳐 주고 싶습니다.

수양개 유적에서 나온
눈금 돌은 자일까 계산기일까?

수를 세는 방식을 이해해 봅시다

어떤 것의 수를 셀 때 우리는 무의식적으로 손가락을 꼽기 시작합니다. 어른, 아이 할 것 없이 본능에 따라 행동하지요. 그런데 수량이 늘어나면 손가락이나 머리로는 계산하기 어렵습니다. 결국 연필을 꺼내 숫자를 적거나 빗금을 그어서 수들을 더합니다. 빗금을 사용할 때 수를 다섯 개씩 묶으면 나중에 합산하기 쉽습니다. 그래서 한자 '정正'을 써서 숫자 5를 표시하기도 하고, 빗금 네 개를 긋고 그 위에 선 하나를 가로지르기도 합니다. 'Ⅲ', 이렇게 말이죠.

기호를 사용하여 수를 다섯 개씩 묶는 까닭은 우리가 10진법을 쓰기 때문입니다. 이제는 전 세계적으로 표준화된 10진법이 수를 셀 때 손가락을 꼽는 본능에 따라 '인간 손가락의 수'에서 나왔다고 보는 견해도 있습니다.

구석기 시대에도 수를 세는 방법이 있었을까요? 당연히 있었을 것입니다. 그들도 구성원이든 채집한 과일이든, 뭔가를 셌을 테니까요. 구석기 시대의 우리 조상들이 음식을 고르게 분배했기 때문에 집단을 유지할 수 있었다는 주장이 있습니다. 여러 가지 고고학 연구 성과를 종합해 보면 충분히 가능한 이야기입니다. 야생의 동물은 무리 생활을 하더라도 어미와 새끼가 아닌 이상 먹이를 구하는 일은 각자도생에 가깝습니다. 심지어 어미와 새끼도 일정 시간이 지난 후에는 먹이를 놓고 경쟁합니다. 그러나 인간은 소수의 사람이 획득한 음식을 집단 안에서 분배하는 습성이 있습니다. 이때 고르게 분배하려면 수를 잘 나눠야 하고, 그러기 위해서는 당연히 수를 정확히 헤아릴 수 있어야 합니다.

수를 세는 방법(기수법)마다 고유한 이름이 있습니다. '수 하나'를 '선 하나'로 표기하는 가장 단순한 기수법은 '1진법'입니다. 구석기인들은 아마 1진법을 사용했을 가능성이 큽니다. 앞에서 본 기호 '卌'도 기본 원리는 수 하나에 선 하나를 대입한 1진법 기호입니다. 다만 우리는 다섯 개씩 두 번 묶어서 10진법 방식으로 활용하고 있을 뿐입니다.

세상에 이런 일이: 구석기 시대에 자를 사용했다고?

놀랍게도 어떤 것을 측정하거나 헤아리는 데 사용했을 것으로 추정되는 구석기 시대 유물이 있습니다. 2014년 6월 충청북도 단양군 수양개 유적 6지구에서 눈금이 새겨진 돌이 발견된 것입니다. 눈금 돌이 발견된 지점의 토양 연대는 지금으로부터 약 4만 년 전입니다. 호모 사피엔스가 돌날 기술을 필두로 새로운 문화기(후기 구석기 시대)로 들어선 무렵입니다. 이 돌은 길이 20.6센티미터의 매끈하고 길쭉한 자갈입니다. 누군가가 표면에 3.4~4.5밀리미터 간격으로 비교적 일정하게 짧은 금 22개를 그었습니다. 화강암 표면에 선을 긋는 일은 간단하지 않습니다. 더구나 일정한 간격으로 그었다면 당연히 우연이 아닙니다. 이 선은 무엇을 의미할까요?

한쪽에서는 이 돌의 용도를 길이를 재는 '자'로 추정합니다. 그런데 구석기 시대에 길이를 규격화해서 정밀하게 측정할 일이 있었을까요. 역사적으로 도량형(길이, 무게, 부피 따위의 단위를 재는 법)은 국가의 탄생이나 통치 체제의 정비와 관련된 고도의 제도입니다. 게다가 측정

충청북도 단양군 수양개 유적에서 나온 눈금이 그어진 돌

단위가 되기 위해서는 집단 내에서 기준을 공인해야 합니다. 따라서 저는 수양개의 눈금 돌이 '자'였을 가능성은 크지 않다고 생각합니다.

다음으로 숫자나 기간을 기록했다고 보는 의견이 있습니다. 혹시 집단 구성원의 수를 기록한 것일까요? 구석기 시대의 집단은 대략 20~30명 정도에 불과해서 구성원 개개인의 의미가 남달랐을 것입니다. 따라서 구성원의 수를 표시했을 가능성이 아주 없지는 않습니다. 혹은 어떤 목표를 수행하는 과정을 기록한 것일까요? 예컨대 22마리의 사슴을 사냥하고 그 수를 새겨 놓은 것일지도 모릅니다. 한편에서는 선의 개수가 아니라 선 사이의 공간(21칸)에 주목하기도 합니다. 그러나 이 모든 건 전부 추측일 뿐입니다. 안타깝게도 우리는 진짜 의미를 영원히 알지 못할 수도 있습니다. 타임머신이 발명되지 않는 한 말입니다.

남아프리카공화국 르봄보Lebombo에서는 수양개 유적의 눈금 돌보다 연대가 조금 이른 4만 3000년 전의 눈금 뼈가 나왔습니다. 수양개의 돌보다는 불규칙하지만 긴 뼈의 한쪽에 촘촘하게 눈금을 새겼습니다. 1937년 체코의 모라비아Moravia에서도 3만 년 전 무렵의 눈금 뼈가 나왔습니다. 늑대 정강이뼈에 55개의 선을 그은 눈금 뼈는 중앙의 긴 두 줄을 경계로 좌우에 20개와 35개의 선을 그었습니다. 이 또한 어떤 의도와 의미를 담아 만든 도구임이 분명합니다.

이 분야에서 가장 유명한 유물은 1950년 콩고공화국에서 발견된 '이샹고 뼈Ishango bone'입니다. 사람들이 이름까지 붙인 이 눈금 뼈는 약 2만 2000년 전에 만든 것입니다. 원숭이 뼈에 모두 168개의 선을

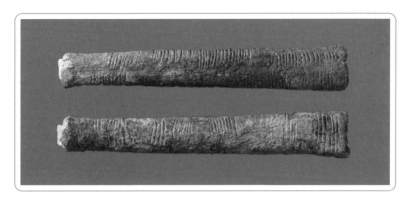

그었는데, 심지어 여섯 개의 그룹으로 구분되어 있습니다. 선의 간격과 길이는 불규칙하지만 새김 도구로 선 하나하나를 정성껏 새겨 놓았습니다. 뭔가를 집요하게 기록하려는 의도가 아니었다면 이렇게 또렷하게 선을 긋지 않았을 것입니다(어쩌면 장식품이었을 수도 있습니다).

구석기 시대 유물 가운데에는 줄을 그은 것들이 생각보다 많습니다. 비너스 조각에도 신체의 일부에 금이 있고, 동굴 벽화에서도 눈금과 선이 발견됩니다. 그런데 선의 유무보다는 각각의 선이 어떤 의미를 갖고 있는지가 중요합니다. 구석기인들이 먹고 버린 동물의 뼈에서도 종종 선이 발견되는데, 그러나 여기에 있는 선은 굉장히 불규칙하고 삐뚤빼뚤해서 의미를 담아서 만들었다고 보기 어렵습니다. 아마도 식사 중에 뼈에 붙은 고기나 힘줄을 잘라 낸 흔적일 확률이 높습니다. 그렇지만 구석기인들은 이 과정에서 뼈에 선이 생긴 것을 보고 그림을 그리기 시작했을 수 있습니다. 또한 선에 어떤 의미와 기억을 담는 방법도 알게 되었을 것입니다. 그러다 어느 시점부터 의미를 부여하여 선을 긋지 않았을까요. 날카로운 돌조각에서 도구의 영감을 얻었듯이 말입니다.

이제부터 조금 선을 넘은 추론을 해보겠습니다. 구석기인이 투박한 석기를 움켜쥔 채 입술을 꽉 깨물고 한 줄 한 줄 그은 선. 그 안에 담긴 내밀한 의미는 모르지만, 그들이 어떤 생각을 기록하기 시작했다는 것만큼은 알 수 있습니다. 지금으로부터 4만 년 전에 시작된 일입니다. 여기서 짚고 싶은 부분이 '기록'입니다. 수양개 돌은 기호인 동시에 기록입니다. 인류사에서 기록은 뇌 기능의 확장을 가리킵니다. 도구가 신체의 기능을 확장한 것이라면, 기록은 뇌의 능력을 확장한 것이지요. 수양개 유적의 눈금 돌은 인간이 무형의 생각을 뇌가 아닌 다른 곳에 유형화하여 기억하기 시작한 증거입니다.

돌에 선을 그은 단순한 행동이 이후 엄청난 결과를 만들어 냈습니다. 작게는 무려 4만 년 뒤의 우리가 그들의 생각과 행동을 볼 수 있게 되었습니다. 크게는 이때부터 시작된 기록이 차곡차곡 누적되어 인류의 거대한 기록 유산을 이룹니다. 보잘것없어 보이는 눈금 돌이 기호와 문자로 발전하여 문명의 기초가 되었다는 말입니다. 현대 문명의 핵심인 컴퓨터도 고인류가 돌과 뼈에 새긴 눈금 한 줄에서 출발했다고 할 수 있습니다.

신대륙의
슬픈 아이러니

가자, 미지의 세계로!

영화를 많이 보는 편은 아니지만 기억에 오랫동안 남아 있는 영화
가 몇 편 있습니다. 그중 〈아웃 오브 아프리카Out of Africa〉는 좀 특별한
영화입니다. 다른 사람들은 이 영화에서 주인공들이 서로 머리를 감겨
주는 장면이나 함께 춤추는 장면을 기억하지만, 저는 경비행기를 타고
하늘 높이 올라가 아프리카 대륙을 굽어보는 장면이 생생합니다. 나무
가 드문드문 보이는 사바나 대평원과 관객을 압도하는 분지의 풍경,
굽이치는 강줄기 끝에 연결된 검푸른 인도양, 거기에 영화 사이사이에

보이는 장엄한 노을을 잊을 수 없습니다. 이 영화가 흥행할 무렵은 제가 한창 구석기 시대를 공부한답시고 주변에 부산을 떨고 다닐 때였습니다. 영화로 본 아프리카의 풍경에 책에서 읽은 구석기의 설명이 겹치면서 제 머릿속에 구석기인의 삶이 낭만과 로맨스로 각인되었습니다. 그런데 실제로 그들에게 낭만과 로맨스가 없었다고 누가 단언할 수 있을까요.

아프리카는 인류의 요람입니다. 가장 이른 시기의 고인류 화석이 아프리카에서 발굴되었고, 약간의 이견이 있으나 그 이후에도 인류 조상 대부분이 아프리카에서 출현했다고 보고 있습니다. 수백만 년이 지나 최초로 아프리카를 벗어난 호모 에렉투스가 아시아에 도착했습니다. 교과서에서 배운 인도네시아의 자바원인과 중국의 베이징원인이 그들 중 일부입니다. 진화 인류학자들은 영화의 제목을 빌려서 호모 에렉투스가 아프리카를 떠난 사건을 '아웃 오브 아프리카'라고 부릅니다.

얼마 후 호모 에렉투스의 뒤를 이어 호모 사피엔스도 아프리카를 벗어났습니다. 2차 아웃 오브 아프리카인 셈이죠. 호모 사피엔스는 호모 에렉투스가 도달했던 아시아를 넘어서 남쪽으로는 바다 건너 오스트레일리아로, 동쪽으로는 얼음으로 뒤덮인 베링해를 지나 아메리카 대륙으로 갔습니다. 그리고 약 1만 년 전에는 드디어 전 지구 모든 대륙에 정착했습니다. 그들이 오스트레일리아의 원주민이었고 아메리카의 원주민이었습니다. 지금의 인류는 호모 사피엔스가 각 지역에 정착하고 적응한 결과이자 그들의 후손입니다.

우리도 간다, 미지의 세계로!

진화 과정에서 구석기 시대의 인류가 아프리카를 벗어난 것이 '아웃 오브 아프리카'라면, 근대 경제 발전 과정에서 일어난 사건은 '아웃 오브 유럽Out of Europe'이라고 부를 만합니다. 유럽 중심의 시각으로는 소위 '대항해 시대'라 부르는 15세기 무렵의 사건입니다. 유럽은 경제와 문화가 급속히 성장하면서 동양과 직접 교역하기를 원했습니다. 탐험가들은 재력가의 후원을 받아 배를 타고 대양을 건너 '황금의 동양'으로 갔습니다. 진짜 속셈은 직거래를 통한 더 큰 이득이었지요. 이 시기에 활동했던 사람들 중 가장 유명한 인물이 크리스토퍼 콜럼버스Christopher Columbus입니다. 그는 '신비한 나라 인도'에서 귀한 향신료와 금을 수입하려 했습니다.

당시 유럽에서 후추는 같은 무게의 금과 교환할 만큼 값비싼 상품이었습니다. 주로 인도에서 수입했는데, 여러 중개상을 거치며 값이 100배 이상 폭등하였습니다. 콜럼버스는 스페인 왕실의 지원을 받아서 인도로 가려 했습니다. 그런데 지구가 둥글다고 믿은 그는 동쪽이 아니라 서쪽으로 항해해서, 그러니까 과감하게 대서양을 가로질러 가기로 합니다. 다만 그는 지구의 둘레를 실제보다 짧게 계산했고 서쪽으로 가면 동쪽 아프리카 대륙을 돌아서 가는 것보다 더 빨리 인도에 도착할 수 있다고 믿었습니다.

1492년 8월 콜럼버스는 항해를 시작했고, 우여곡절 끝에 마침내 '인도'에 상륙합니다. 그러나 모든 게 그의 착각이었습니다. 배가 도착한 곳은 인도가 아니라 멕시코 근처 바하마 제도였습니다. 그럼에도 자신이 인도에 도착했다고 믿은 콜럼버스는 그곳에 살고 있던 사람들을 인도 사람(인디언indian)이라고 불렀습니다.

콜럼버스는 이후에도 아메리카 대륙으로 총 네 차례 항해했으며 죽을 때까지 그곳이 인도라고 믿었습니다. 오늘날 인도와 1만 5000킬로미터 떨어진 미국 마이애미 남쪽 카리브해의 여러 섬들을 '서인도제도'라고 부르는 것도 콜럼버스의 착각에서 비롯되었습니다.

인류의 역사에서 봤을 때 실소할 일이 하나 더 있습니다. 1492년 콜럼버스가 도착한 '신대륙'은 실은 호모 사피엔스가 1만 5000년 전에 정착한 땅입니다. 다른 종도 아닌 현생 인류가 오래전부터 살고 있던 '구대륙'이지요. 그런데도 여전히 이 땅을 15세기에 발견한 '신대륙'이라고 부르는 것은 유럽 중심의 심각한 역사 왜곡이 아닐 수 없습니다. 그곳을 '신대륙'이라고 생각한 유럽인들은 심지어 자신들을 '아메리칸'으로 칭하고 이후 수세기에 걸쳐서 원주민을 약탈하고 그 땅을 식민지로 삼켰습니다.

사피엔스의 호기심은 지구를 넘어 우주로

새로운 아메리칸 식민 지배자들은 원조 아메리칸을 노예로 삼고 강제 노역에 동원하였으며 그들이 기아와 전염병에 시달리다 처참하게 죽어가도록 방치했습니다. 유럽인들에 의해 페루의 잉카 문명, 멕시코의 아즈텍과 마야 문명이 철저히 파괴된 것도 이 무렵입니다.

비슷한 사건이 또 다른 신대륙 오스트레일리아에서 반복되었습니다. 오스트레일리아의 원주민은 '인도인'이라는 오해는 받지 않았지만, 그들의 경험은 아메리카 원주민과 다르지 않습니다. 이곳에서는 유럽의 식민 지배로 인하여 원주민 인구의 90퍼센트가 사망했습니다. 15세기 유럽의 호모 사피엔스는 아메리카와 오스트레일리아의 호모 사피엔스가 일군 문명을 미개한 것으로 치부하고 파괴했습니다. 그리고 같은 호모 사피엔스를 노예로 삼고 죽음으로 내몰았으니, 이 모순을 어떤 말로 설명할 수 있을까요.

인류는 호모 에렉투스 때부터 미지의 세계를 향한 모험을 무수히 반복했습니다. 그들은 왜 익숙한 아프리카를 떠나 낯설고 추운 아시아로 갔을까요? 유럽과 아시아로 진출한 호모 에렉투스는 엄청난 생존력을 발휘했습니다(불의 발견이 대표적입니다). 그들이 '신대륙'을 개척하는 과정에서 15세기 유럽인이 저지른 것과 같은 사건이 없었다고는 말할 수 없습니다. 이후 바다를 건너 전 지구로 대규모의 대장정을 단행한 호모 사피엔스는 가히 지구 최강의 생물종이었습니다. 그들이 통과한 지역에서 수많은 생명체가 멸종했다는 사실이 연구를 통해 밝혀졌습니다.

현대의 호모 사피엔스는 특유의 호기심을 참지 못하고 지구를 벗어나 태양계 바깥으로 가려 하고 있습니다. 우주는 두려운 동시에 궁금한 또 하나의 신대륙입니다. 늘 두려움을 극복하고 용기를 내어 한 걸음씩 내디디는 호모 사피엔스의 호기심이 앞으로 또 어떤 탐험을 만들어 낼까요. '아웃 오브 어스Out of Earth'가 자못 기대되면서도, 과거 우리 조상들이 거듭한 실수를 되풀이하지 않기를 간절히 바랍니다.

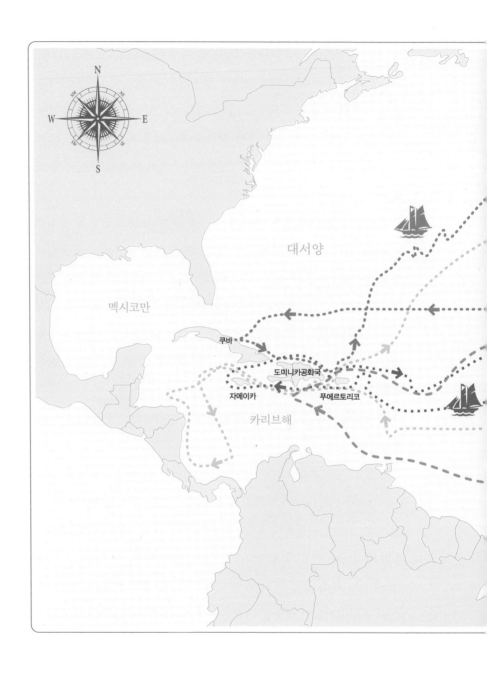

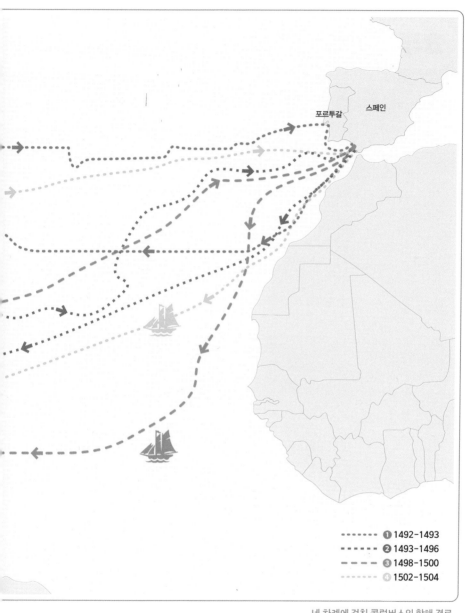

포르투갈

스페인

- ●●●●●● ❶ 1492-1493
- ●●●●●● ❷ 1493-1496
- ●● ●● ❸ 1498-1500
- ●●●●●● ❹ 1502-1504

네 차례에 걸친 콜럼버스의 항해 경로

3부

여기는 그냥
돌밭이 아니라
일터입니다:

원시의 삶을
추적하는 고고학자

석기와 짱돌
구별법

'의도'를 알면 비로소 보이는 것

가끔 구석기 시대 유물을 발견했다면서 박물관으로 와서 감정을 요청하는 분들이 있습니다. 그들은 항상 "이것보다 훨씬 많은데 몇 개만 골라서 왔다"라고 말하며 득의양양한 표정으로 테이블 위에 보따리를 풉니다. 결론부터 말하면, 그동안 진짜 구석기를 가져온 경우는 한 번도 없었습니다. 사람들이 구석기로 오해하는 돌은 대체로 현대의 칼이나 도끼 모양을 하고 있으며 일부분이 뾰족하거나 날카롭습니다. 그렇지만 제가 보기엔 전부 자연석, 다시 말해 '짱돌'입니다. 민원인에게 구석기 유물이 아닌 이유를 조심스럽게 설명하면 대부분은 실망스러운 표정으로 입맛을 다시며 돌아서지만, 가끔은 저에게 "박물관에서 일하면서 이런 것도 제대로 볼 줄 모르는 무식한 놈"이라고 화를 내는 사람도 있습니다.

사람들이 평범한 돌을 구석기 유물로 착각하는 까닭을 대강 유추해 보면 이렇습니다. 뾰족한 돌은 찌르기에 적합해 보입니다. 어떤 것은 나무 끝에 매달아 창을 만들 수 있을 것 같고, 또 어떤 것은 긴 돌의 한쪽 가장자리가 날카로운 게 칼로 써도 충분할 것 같아 보입니다. 우연히 같은 장소에 그런 돌 여러 개가 흩어져 있는 것을 보면 뭔가를 발견한 것 같다는 흥분이 찾아옵니다. 안타깝게도 사실은 그렇지 않지만 말입니다. 그런데 어쩌면 구석기인들이 날카로운 돌조각의 쓸모를 처음 발견했을 때의 흥분도 이와 비슷했을지 모릅니다.

뗀석기를 연구하는 구석기 학자들은 길을 가다가 구석기 유물처럼 생긴 돌을 보았을 때 어떻게 할까요. 일단 눈길은 한번 줍니다. '꼭 창 끝처럼 생겼네'라고 생각하면서요. 그러나 일부러 주워서 자세히 보지는 않습니다. 깨진 면의 특징이 구석기와 완연히 다르기 때문입니다. 연구자들은 구석기 유물을 볼 때 단지 외양만 보지 않고 구석기인들의 의도를 찾으려고 합니다.

인간이 의도를 갖고 만든 뗀석기와 그렇지 않은 깡돌을 구분하는 방법은 구석기 고고학자에게 기초이자 필수 지식입니다. 그렇다면 고고학자는 어떻게 석기와 돌을 구분할까요. 눈썰미가 좋은 분들은 바로 앞 단락을 보고 짐작했을 것입니다. 바로 '의도'를 확인합니다. 돌이 이리저리 굴러다니면서 우연히 깨진 자국과 인간이 목적을 갖고 깬 자국은 상당히 비슷합니다. 그래서 그 과정과 의도를 파악해야 합니다. 그리고 의도를 알아차리려면 우선은 깨진 면과 원래의 자연면을 구별할 줄 알아야 합니다. 누구나 깨진 부분과 손상 없이 매끈한 자연면은 구분할 수 있습니다. 문제는 그것을 깬 주체가 인간인가 하는 점입니다. 지금부터 초간단 뗀석기 구별법을 알려 드리겠습니다. 주변에서 깨진 돌 하나를 찾아와서 아래의 네 단계를 확인해 보기 바랍니다.

초간단 뗀석기 구별법

1단계 반드시 깨진 부분이 있을 것! 우리가 찾는 것은 뗀석기이다. '깨트려서 만든 석기'라는 뜻이다. 그러니 우선 깨진 부분을 찾아야 한다. 만약 돌의 깨진 면이 어떻게 생겼는지 모른다면, 지금 당장 아무 돌이나 한번 깨 보자.

2단계 여기저기가 조금씩 깨져 있는지, 한 부분이 집중적으로 깨져 있는지 확인한다. 이때 한 부분이 집중적으로 깨져 있다면 다음 단계로 넘어간다.

3단계 집중적으로 깨진 부분이 가지런하며 규칙적인지 살펴본다. 그런데 때로 우연히 깨진 돌도 규칙적일 수 있다. 자연의 힘은 언제나 우리의 상상을 뛰어넘는다.

4단계 아직 당신 손에 돌이 들려 있다면, 즉시 주변을 더 확인한다. 비슷한 생김새와 특징을 가진 돌을 서너 개 더 찾았다면 그것들은 구석기 유물일지도 모른다.

'의도'를 갖고 돌을 깼다면 특정 부분을 집중적으로 망치질해서 원하는 모양을 만들어 내려고 했을 것입니다. 대개는 집중적으로 깬 부분이 그 석기의 날입니다. 아주 가끔은 자연적으로 예리하게 갈라진 부분을 작업용 날로 쓰기 위해 반대편을 뭉툭하게 만들어서 손잡이로 삼은 경우도 있습니다. 이 두 경우는 깨는 방법이나 기술이 확연히 달라 쉽게 구분할 수 있습니다.

지금으로부터 약 300만 년 전에 호모 하빌리스 또는 오스트랄로피테쿠스가 인류 최초로 석기를 만들었습니다. 이 시기의 제작 기술은 지극히 단순해서 석기와 돌을 구분하기 어려울 정도입니다. 특히 '격지'라고 부르는 깨진 조각을 그대로 사용하거나 날 부분만 조금 다듬었기 때문에 형태에서는 규칙성이나 인위성을 포착하기 어렵습니다. 반면 4만 년 전 무렵부터 호모 사피엔스들이 만든 석기에서는 일정한 형태와 정교한 기술이 두드러지게 확인됩니다. 이들은 우수한 석기를 만들기 위해 제작 과정을 체계화하고 발전시키는 전략을 택했습니다. 날 다듬기에만 집중하는 수준을 넘어서, 석기 제작 전 과정의 단계를 나눠 구체화하고 표준화한 능력은 오늘날 호모 사피엔스의 지적 수준과 본질적으로 다르지 않습니다. 이렇게 제작 과정을 표준화하자 도구의 형태가 일정해졌습니다. 이 특징을 이해한다면 누구나 깡돌과 석기를 구분할 수 있습니다.

구석기 유물을 발견했을 때 진짜로 해야 하는 일

마지막 5단계가 남아 있습니다. 이 작업은 좀 더 전문적인 지식이 필요합니다. 5단계에서는 석기로 추정되는 돌을 채집한 지역의 지질학적 맥락을 확인합니다. 그리고 고고학자는 그곳에 유적이 있을 가능성을 판단합니다.

뗀석기는 수만 년 전 구석기인들이 만든 도구입니다. 만약 석기를 발견한 장소에 수만 년 전의 지층이 온전히 보존되어 있지 않다면 그곳에서는 구석기 유적을 찾을 수 없습니다. 인간이 뗀석기를 만들던 구석기 시대는 지질 시대 구분으로 '신생대 제4기 갱신세Pleistocene'와

사용하려는 날 부분을
집중적으로 손질한 흑요석 밀개

거의 일치합니다. 이 시기에는 빙하기와 간빙기가 여러 차례 반복되었기 때문에 지층 단면에서 빙하기의 증거를 확인할 수 있습니다. 흙이 얼었다 녹으면서 생긴 쐐기 모양의 균열 흔적이 땅속에 고스란히 남아 있기 때문입니다.

여러분이 채집한 돌이 뗀석기 확인법을 전부 통과했고 주변이 지질학적으로 갱신세에 해당한다면, 그 돌은 구석기 시대의 뗀석기로 확신해도 좋습니다. 만약 지질학적 맥락이 확인되지 않는다면 다른 곳에서

흘러온 구석기일 수도 있지만, 아마도 석기의 특징을 모두 가진 짱돌일 가능성이 큽니다. 이런 돌을 '위석기僞石器'라고 부릅니다. 때로는 전문가도 위석기에 속는 일이 있으니 실망하지 마세요.

마지막으로 진짜 구석기 유물을 발견했을 때 해야 할 일을 알려 드리겠습니다. 대한민국 국민이 영토 안에서 유물을 발견했다면 관련 법령(매장 문화재 보호 및 조사에 관한 법률 제17조)에 따라 국가에 신고해야 합니다. 만일 신고하지 않으면 500만 원 이하의 과태료가 부과됩니다. 반면 지방자치단체(보통은 시·군·구청의 '문화'라는 이름이 붙은 부서)에 신고하면 유물의 가치 평가를 거쳐 적절한 보상금을 받을 수 있습니다. 한 걸음 더 나아가 그 유물을 발견한 지역이 중요한 유적으로 평가되어 발굴이 진행된다면 별도의 포상금도 받을 수 있습니다.

고고학은 어떤 학문일까?

보통은 이렇게 대답할 것이다. "유물을 연구하는 학문." 그렇다, 아주 정확한 대답이다. 한자로 考古學, 영어로 Archaeology. 글자 그대로 옛날 유물과 유적을 연구하는 학문이다. 고고학과 비슷해 보이는 분야가 있다. 인간 화석을 연구하는 학문인데, 이것을 인류학의 하위 분야인 고인류학이라 부른다. 두 분야의 경계는 명확치 않다. 연구 대상이 '인간이 남긴 유물'과 '인간'으로 다르다고는 하지만, 둘은 동전의 양면이다.

고고학은 원형을 거의 잃어버린 오래된 유적에서 인간의 흔적을 탐구하기 때문에 자연 과학 분야의 도움이 필요하다. 물리 화학 기술을 동원한 절대 연대 측정과 과거 환경을 파악하기 위한 꽃가루 등의 유기물 분석, 동식물 화석 분석, 고기후 분석, 석기 기술 등의 이해를 위한 암석 동정同定과 구성 원소 분석, 유적 형성 과정을 파악하는 토양 분석, 지형·지질 분석, 미량 유기물의 정체를 파악하기 위한 유기 화학 분석 등 실로 다양한 분야의 협력을 통해 실낱같이 남은 과거의 정보를 해석한다.

뜨거운 태양 아래에서 돌밭을 구르다

댐 아래에 잠들어 있던 구석기 유적

대학교 3학년 가을에 처음으로 발굴 현장에 참여했습니다. 당시는 영화 〈인디애나 존스Indiana Jones〉가 개봉하기 전이라 발굴이 어떤 일인지 감이 없었습니다. 그저 그동안 학과 내 스터디 그룹 '고고학반'에서 공부한 것을 드디어 실습한다는 기대를 품고 버스에 올랐습니다. 발굴지는 강원도 양구군 상무룡리 유적으로, 지금은 갈 수 없는 곳입니다. 그 이유는 차츰 알게 될 것입니다. 이 글을 쓰며 당시의 발굴 일지를 꺼내 보니 그날의 기억이 새록새록 떠오릅니다.

발굴 일지

제2차 발굴 조사 사업은 1988년 10월 14일부터 시작하였다. (중략)

10월 14일

사전 준비를 위해 선발대가 현장에 도착하였다. 1987년에 수입천에 설치했던 통나무 다리가 모두 떠내려가 다시 건설하였고, 군용 텐트를 빌려서 현장에 설치하였다. (중략) 문화층이 표토 밑 30~60센티미터에서 발견되었으나 유물의 양은 적은 편이다.

11월 9~10일

갑자기 기온이 영하로 내려갔다. 발굴장 토지 표면이 얼어서 오전 작업은 지장이 많았다. 9일에는 충북대 발굴 조사반이 현장에 체류하면서 지층과 화분 분석 자료를 채집하였다.

11월 14일

서쪽 지역 아래쪽의 발굴 구덩이를 연장으로 파고 흙손질했다. 〈-E15〉, 〈-D14〉, 〈-C15〉 칸을 흙손질하다가 흑요석으로 만든 긁개를 발견했다.

11월 30일

2지구에 발굴 구덩이를 설정했다. 남북 16미터에 동서 7.5미터의 면적을 가로 2미터, 세로 1.5미터의 구획 40개로 구분하였다.

여기서 잠깐 당시 상황을 설명해야 할 것 같습니다. 그 무렵은 북한에서 금강산댐을 짓고 있었습니다. 여기에 위기를 느낀 우리 정부는 평화의 댐 공사에 착수했습니다. 북한이 금강산댐을 폭파하면 서울이 물에 잠길 것이라고 했습니다. 댐 건설을 위해 전 국민이 벽돌을 한 장씩 모으는 캠페인도 벌였습니다. 평화의 댐은 국내 최대의 사력 댐(중

강원도 양구군 화천댐에 잠겨 있던 상무룡리 유적 발굴 현장

앙에는 점토로, 주변에는 자갈과 모래로 다지고 돌을 쌓아서 만든 댐. 지반이 콘크리트 무게를 견딜 수 없을 때 짓는다)인 소양강댐과 비슷한 크기였고, 그것을 만들기 위해서는 잠깐 동안 하류에 위치한 화천댐의 물을 빼야 했습니다. 그때 부지런한 고고학자들이 화천댐 바닥을 조사하다가 상무룡리 구석기 유적을 찾았습니다. 요즘에는 댐을 만들기 전에 수몰 예상지의 유적 조사를 실시하지만, 일제 강점기에 주민들을 강제 이주시키고 만든 화천댐은 이때 처음으로 고고학 조사가 진행되었습니다.

구석기 발굴 현장 대공개

매일 아침 안개 가득한 발굴장으로 향했습니다. 물안개 낀 호수의 신비로움은 잠시뿐입니다. 발굴장 임시 천막에 도착해서 도구를 챙기고 작업을 시작하려 하면 서서히 해가 머리 위로 떠오르며 안개가 걷힙니다. 한낮의 발굴장은 영화 〈마션The Martian〉에서 본 화성의 표면과 똑같습니다. 시선이 닿는 곳에는 온통 붉은 흙과 돌뿐입니다. 나를 지켜 주는 것은 챙이 넓은 밀짚모자밖에 없습니다. 모자 그림자 바깥에서 쉼 없이 움직이던 팔은 금방 새빨개지더니 이내 피부가 벗겨지기 시작합니다.

구석기 시대는 연대가 가장 가까운 때가 최소 1만 년 전이니, 유적 대부분은 수만 년 전의 삶터입니다. 처음에는 땅속에 유적이 남아 있다는 사실이 신기했습니다. 물론 당시의 모습이 그대로 남아 있는지는 별개의 문제입니다. 여러 이유로 당시의 삶터가 느리지만 지속해서 변형되었기 때문입니다.

지구는 지난 수십만 년 동안 빙하기가 반복되면서 바닷물의 높이가 오르락내리락했습니다. 한때 육지였던 곳 가운데 많은 부분이 지금은 바다 밑으로 가라앉았습니다. 홍수나 강의 침식과 퇴적 작용도 지층을 바꾸어 놓았습니다. 기후 변화로 인해 땅이 얼었다 녹는 과정에서도 지층 속 석기들이 조금씩 움직입니다. 또 쥐나 두더지 같은 지중 동물이 땅을 파면서 혹은 나무뿌리가 이리저리 뻗으면서 석기의 위치를 옮깁니다. 그러니 구석기인들이 남긴 삶터가 당시 모습을 고스란히 간직하고 있을 것이라고 기대하기는 어렵습니다.

이웃나라 중국에서는 호모 에렉투스인 베이징원인 화석을 비롯해 고인류 화석이 종종 발견되는데, 왜 우리나라에서는 화석이 발견되었다는 소식이 매우 드물까요. 뼈나 나무 같은 유기물이 땅속에서 보존되려면 건조한 알칼리성 토양이어야 하는데, 우리나라의 토양은 대체로 습도가 높은 산성입니다. 그나마 알칼리성 토양인 강원도 삼척시나 영월군의 석회 동굴을 탐사하며 고인류가 살았다는 증거를 찾고 있지만, 아직까지 구석기 시대 인골을 찾았다는 소식은 듣지 못했습니다. 삼척과 영월은 수렵과 채집을 하던 구석기인들에게 그리 매력적인 거주 환경이 아니었나 봅니다.

나무는 어떨까요. 인류가 돌로 도구를 만들기 전에 나무로 만든 도구를 먼저 사용했다고 추정하는 학자가 많습니다. 하지만 나무 도구를 만들려면 그것을 깎고 다듬을 도구가 필요하다는 측면에서 석기는 최소한 목기와 동시대에 존재했을 것입니다. 오히려 나무보다 석기가 먼저라고 보는 사람도 있습니다. 나무는 쉽게 부식되기 때문에 유물이 적습니다. 가장 오래된 나무 창의 제작 연대도 40만 년을 넘지 않습니다. 반면 가장 오래된 석기는 약 300만 년 전의 것입니다. 우리나라에

충청북도 단양군 수양개 유적 발굴 현장

서도 전라북도 군산시 내흥동 유적에서 구석기 시대 숲의 흔적은 찾았지만 나무 도구는 발견되지 않았습니다. 상황이 이렇다 보니 한국에서 '구석기 고고학 연구'는 '뗀석기 연구'와 사실상 동의어입니다. 그만큼 연구 주제가 다양하지 않다는 뜻입니다.

구석기 시대를 주제로 전시를 준비하는 큐레이터(박물관이나 미술관에서 재정 확보, 유물 관리, 자료 전시, 교육, 홍보 활동 등을 하는 사람)들에겐 막막할 때가 있습니다. 전시품이라고는 오직 돌뿐이니까요. 온 사방에 흔한 짱돌과 달라 보이는 게 없는 석기로 전시관을 채워야 하는 어려움을 이제 조금은 공감하시리라 믿습니다.

뜨거운 태양과 자욱한 흙먼지를 빼면 발굴 현장과 박물관 구석기 시대 전시실의 모습이 별반 다르지 않습니다. 말끔하게 씻은 돌을 시대별로, 종류별로, 지역별로 정리해서 전시 구역에 놓았다는 정도가 다입니다. 그래서 구석기 고고학자들은 박물관 전시실을 박제된 발굴장이라고 생각합니다. 반면 발굴장은 강과 언덕과 숲과 바람 같은 환경이 생생한 '현장'입니다. 때때로 고고학자들은 발굴장에서 희미하나마 옛사람들의 '느낌'을 감지하곤 합니다. 그 느낌을 전시실로 옮기려고 큐레이터는 전시실에 석기 제작장과 불 땐 자리를 재현해 보기도 합니다. 만약 여러분이 어느 박물관 초입의 구석기 시대 전시실을 보다가 '무슨 유물이 돌밖에 없어? 지루해'라는 생각이 든다면 방금 제가 한 말을 떠올려 주세요. 더불어 돌에 남아 있는 옛사람들의 삶과 생각을 함께 읽어 주시기를 바랍니다.

구석기 발굴 현장의 첨단 아닌 첨단 도구

구석기 유적을 발굴할 때 어떤 도구를 사용할까? 상무룡리 유적의 발굴 일지에는 이런 기록이 있다. "11월 3일부터는 측량된 〈ㄴ〉 지구의 모든 발굴 칸을 흙손과 꼬챙이로 파내려 갔다. 이 작업은 5일까지 계속되었으며 석영재 석기들이 출토되었다." 여기에 나온 흙손은 무엇이고 꼬챙이는 또 무엇일까? 다양한 발굴 도구와 각각의 용도를 확인해 보자.

도구	용도
측량기	발굴지 정밀 구획. 각종 고도나 거리 측정.
말뚝과 쇠못, 나일론 끈	발굴장 경계선 표시.
삽과 곡괭이	석기 출토 층까지 흙 제거. 혹은 층위 관찰용 구덩이 파기.
호미와 쓰레받기	석기 출토 층부터는 흙을 호미로 살살 파서 쓰레받기에 담아 반출.
쇠꼬챙이	몹시 단단한 흙을 조금씩 파기.
양동이	흙을 모아 두거나 다른 발굴 도구 보관.
밀차	흙을 발굴장 밖으로 운반.
흙손	미장용 소형 칼. 영어로 트라울trowel. 외국산으로, 한때는 교수님들만 사용하던 최고급 도구.
솔	늘 가지고 다님. 하지만 사용할 일은 거의 없음.

발굴 도구는 대부분 발굴 현장 근처의 철물점에서 구입한다. 다른 도구들은 다 공용인 반면 흙손만큼은 철저히 개인용이다. 마치 산업화 이전의 건설 현장을 방불케 하는 풍경이다. 구석기 유적은 눈으로 보고 손으로 파는 것이 최선의 방법이다.

지표에서 땅속까지 고고학 발굴의 모든 것

거칠고 지루한 발굴 현장의 하루

구석기 유적은 계획적인 지표 조사를 거친 뒤 발굴합니다. '지표 조사'라고 부르니 제법 거창한 일 같은데요, 사실은 땅바닥을 뚫어져라 바라보며 이리저리 걷는 일을 가리킵니다. 그런데 앞에서는 수만 년 전 유적이나 유물은 깊은 땅속에 있다고 설명했는데, 어떻게 땅 위에서 유물을 찾는 걸까요?

땅속에 있던 석기 중 일부는 여러 이유로 땅 위로 올라옵니다. 홍수나 강물에 의한 침식이나 반복적인 기후 변화 같은 자연 요인이 석기를 지표로 꺼내 놓기도 하고, 인간의 경작이나 설치류의 활동이 유물을 땅 위로 꺼내기도 하지요. 석기의 대부분은 크기가 아주 작습니다. 지표로 올라온 석기를 눈으로 솎아 내려면 밀레Jean-François Millet의 〈이삭 줍기〉 속 주인공처럼 등을 구부려야 합니다. 최근에는 대규모 개발 공사 과정에서 흙을 파헤치다가 유적을 발견하는 경우가 많은데, 이때에도 돌 틈에서 석기를 찾는 일이 간단하지 않습니다. 훈련된 전문가의 감각에 그 순간의 운이 더해져야만 세상으로 나온 석기를 놓치지 않을 수 있습니다.

떼석기는 시기가 가장 이른 도구인 만큼 작고 덜 인공적이어서 지표 조사에서 알아보기 힘듭니다. 그런데 가끔씩은 먼발치에서 힐끗 보고 석기를 찾는 사람이 있습니다. 심지어 차를 타고 가다가 "어? 잠깐 차 좀 세워 봐!"라고 말하더니 내려서 석기를 가져오는 사람도 있습니다. 저도 딱 한 번 그런 적이 있다고 자랑하고 싶어서 꺼낸 이야기입니다.

떼석기를 발견한 장소가 구석기 시대의 유적이 확실한데, 조만간 그곳에서 개발 공사가 진행될 예정이라면 필요한 절차를 거친 뒤 곧바로 발굴에 착수합니다. 먼저 건축 기사들이 사용하는 측량기로 유적을 정확히 구획합니다. 발굴을 체계적으로 수행하고 그 결과를 똑바로 기록하기 위해 필요한 과정입니다. 또 그래야 시간이 지난 후에도 유물이 출토된 지점을 정확히 확인할 수 있습니다. 측량이 끝나면 '구덩이 pit 방식'이나 '도랑trench 방식'으로 땅을 팝니다. 영화에서는 고고학자들이 붓을 들고 조심스럽게 흙을 헤칩니다. 구글 검색창에 '고고학자 Archaeologist'를 입력해도 붓을 든 사람이 흙을 살살 쓸고 있는 사진이 쏟아집니다. 그러다 갑자기 유물을 꺼내 들고 기쁨에 가득 찬 얼굴이 됩니다. 그러나 현실에서는 좀처럼 상상하기 힘든 일입니다. 혹시라도 그랬다가는 현장 책임자에게 호된 질책을 받을 것입니다. 발굴 현장에서 유물을 발견했다면 그 자리에 그대로 두는 것이 무엇보다도 중요한 원칙입니다.

구석기 유적의 발굴 장비로는 주로 뾰족한 호미, 갈고리, 망치와 정, 때로는 곡괭이가 동원됩니다. 1만 년도 더 지난 단단한 지층에 박혀 있는 석기를 붓으로 꺼낸다는 것은 애초에 말이 되지 않습니다. 전 세계 고고학자의 상징처럼 되어 있는 미국 '마샬타운'사의 흙손도 때로는 무용지물입니다. 이렇게 구석기 발굴 현장은 거칠면서도 지루하기 짝이 없습니다. 아주 가끔 흑요석이 나올 때라야 조금 웅성거리는 정도입니다.

진짜 고고학자는 돌밭에 있다

구석기 유적을 발굴하는 과정에서 엄청난 양의 돌이 쏟아져 나옵니다. 그중 극소수만 뗀석기이고 대다수는 자연석입니다. 가끔 자연석이 나오면 발굴장 밖에 버리는 경우가 있는데, 절대로 그래서는 안 됩니다. 왜냐하면 구석기인이 석기를 만들기 위해 모아 놓은 재료일 수도 있고 집 짓기나 조리에 사용한 도구일 수도 있기 때문입니다. 따라서 유적 내의 모든 돌은 석기와 자연석을 구분하지 않고 일단 보존하는 것이 원칙입니다. 발굴 작업이 끝나고 유적을 정리할 때 연구자들은 1차로 뗀석기를 선별해 수습합니다. 이후 결과 보고서를 만들면서 연

붓을 들고 일하는 영화 속 고고학 발굴 현장

삽과 괭이로 땅을 파는 현실의 고고학자들

경기도 김포시 장기동 유적의 바둑판 모양 발굴 현장

구소에서 2차 선별을 통해 걸러진 자연석은 폐기합니다. 그리고 남은 석기들은 손상되지 않도록 조심스럽게 세척한 뒤 사진을 찍고 그림도 그려서 발굴 보고서에 소개합니다. 이제 석기는 국유 재산으로 등록되어 영구 보관 절차를 밟습니다.

뗀석기를 발굴하는 구석기 시대 지층은 지질 시대 구분상 현세Holocene(1만 년 전부터 현재까지)보다 오래된 지층입니다. 반면 신석기 시대부터는 1만 년이 지나지 않은 비교적 최근의 지층입니다. 현세 직전은 갱신세라고 합니다. 약 250만 년 전에 시작된 갱신세 동안에 인류는 진화를 거듭했습니다. 구석기 유적은 이렇게 오래된 지층에 있기 때문에 유적을 해석할 때 석기가 묻혀 있던 층의 지질학 맥락을 읽는 일이 매우 중요합니다. 이를 확인하려면 가장 아래층으로 간주하는 기반암층이나 자갈층이 나올 때까지 구덩이를 파서 토양의 퇴적 흐름을 파악해야 합니다. 이 구덩이를 층위 확인용 테스트 피트test pit라고 부르는데 퇴적 과정을 파악하는 자료일 뿐 아니라, 여기에서 절대 연대 측정과 꽃가루 분석에 필요한 토양 샘플도 채취합니다. 이 과정에서 중요한 유적으로 판단되면 지층의 단면을 그대로 뜯어내 보존하기도 하고, 구덩이 자체를 보존하기도 합니다.

운이 좋으면 지하 3~4미터에서 기반암이 나오지만, 어떤 곳에서는 10미터 이상 내려가기도 합니다. 이때 땅을 파는 일도 당연히 고고학자들의 몫입니다. 경기도 연천군 전곡리 유적의 토층 전시관에 가면 발굴단이 판 엄청난 크기의 구덩이를 볼 수 있습니다.

아는 것이 힘이다?
하는 것이 힘이다!

진짜 석기를 만드는 사람: 실험 고고학자

'석기石器 시대'는 말 그대로 '돌로 만든 도구의 시대'입니다. 여기에서 한 번 더 구분한 신석기 시대는 간석기(날 또는 표면을 갈아서 만든 석기)를 사용한 시대이고 구석기 시대는 뗀석기를 사용한 시대입니다. 그리고 뗀석기는 언뜻 보면 주변에 흔한 돌과 별반 다르지 않다고 이야기했습니다. 어느 구석기 유적의 기자 공개회에서 발굴 단장인 모 교수가 아무 돌이나 모아 놓고 기자들에게 "이거 아주 대단한 석기예요"라고 거짓말을 했다는 우스갯소리가 있을 정도입니다. 뗀석기를 알아보는 것이 얼마나 막연하고 어려운지 보여 주는 일화입니다.

그런데 공부에는 왕도가 없다지만 석기 보는 눈을 기르는 데에는 왕도가 있습니다. 바로 직접 돌을 깨 보는 것입니다. 석기를 박물관 전시실이나 책 속 사진으로 보는 것과 직접 만드는 것은 차원이 다릅니다. 일단 만들려고 하면 돌을 구하는 첫 단계부터 간단치 않습니다. 석재를 선별하고 망치를 골라서 여러 종류의 구석기를 만드는 일을 전문으로 하는 분야가 따로 있을 정도입니다. 뗀석기는 최소 1만 년, 최대 300만 년 전의 기술이라 세상 어디에도 제작 방법이 기록되어 있지 않습니다. 그것을 알기 위해서는 '재현' 혹은 '복원'을 부단히 반복하는 수밖에 없습니다. 이 일을 하는 연구자를 실험 고고학자라고 부릅니다.

실험 고고학자들은 만들기에서 그치지 않습니다. 그들은 재현한 석기를 사용하여 창던지기와 활쏘기, 불 피우기 같은 구석기 시대의 생계 활동을 바둑 기사가 대국을 복기하듯 꼼꼼하게 확인하고 체험합니다. 그렇게 해야만 당시의 도구와 생활에 더 가까이 다가갈 수 있으며, 구석기인의 생활과 문화를 깊이 이해할 수 있기 때문입니다. 그럼 지금부터 실험 고고학자들이 밝혀 낸 뗀석기 제작 지식을 이야기해 보겠습니다.

소리는 1초에 약 340미터를 날아가는 파동입니다. 잔잔한 호수에 돌을 던지면 물결이 동심원 모양으로 퍼지는 것도 동일한 파동의 원리입니다. 파동 현상은 고체인 지구 지표면에서도 일어납니다. 우주에서 날아온 운석이 지구 표면에 충돌하면 분화구처럼 생긴 초대형 크레이터crater가 생깁니다. 지표면에 흙으로 된 동심원이 만들어진 것입니다. 우리 별 지구에서 가장 유명한 크레이터는 약 2억 년 전 소행성이 오늘날 캐나다 지역에 충돌하며 생긴 매니쿼건Manicouagan 크레이터입니다.

단단한 돌과 돌이 부딪치면 어떻게 될까요. 물이나 흙에 부딪쳤을 때와는 결과가 다르지 않을까요? 그렇지 않습니다. 돌 역시 미세한 입자들의 결합으로 이루어져 있기 때문에 강한 충격을 받으면 그 에너지가 입자들을 진동시키면서 돌 내부를 관통합니다. 만일 에너지가 구성 입자들의 결합력보다 강하면 에너지가 통과한 부분이 갈라집니다. 반면 에너지가 입자들의 결합력보다 약하면 돌이 충격 에너지를 고스란히 흡수할 것입니다. 암석마다 구성 입자의 종류와 결합력이 다르므로 충돌의 결과도 전부 다 다릅니다. 한 손에 돌을 들고 쇠망치로 몇 차례 툭툭 내려치면 입자 결합이 강한 돌은 맑은 고음을 내며 돌을 든 손으

우주에서 본 매니쿼건 크레이터(황토색 원 안)

단단한
고고학

로 진동이 전달됩니다. 반면에 입자 결합이 느슨한 돌은 둔탁한 소리를 내며 부서질 뿐 진동은 느껴지지 않습니다.

　외부 충격파가 돌을 통과하는 방식은 일정합니다. 돌 표면의 충격 지점으로부터 약 100도 정도의 각도로 에너지가 확산됩니다. 충격파는 돌 입자의 저항을 뚫고 지나가려 하는데 돌의 강도에 따라서 성패가 판가름 납니다. 혹시 유리창에 돌이 날아와 부딪쳤는데 와장창 깨지지 않고 구멍만 작게 뚫린 경우를 본 적 있나요? 이것을 자세히 들여다보면 반대편 구멍이 조금 더 큽니다. 충격이 가해진 쪽의 구멍은 작고 충격이 뚫고 나간 쪽의 구멍은 큰, 원뿔 모양의 에너지 관통흔을 헤르츠 원뿔hertzian cone이라고 부릅니다. 원뿔 구멍 안쪽에는 충격 에너지가 지나가며 남긴 균열흔도 미세하지만 분명하게 남아 있습니다. 이 충격이 물체의 중앙이 아니라 가장자리에 가해지면 원뿔의 절반만 남고 바깥쪽 절반은 본체에서 떨어집니다. 구석기인이 깨트린 돌에는 이와 똑같은 흔적이 남아 있습니다.

　한편 단단한 돌망치로 돌을 강하게 내려치면 맞은 지점은 크레이터가 생기듯 움푹 파이면서 으스러지고 주변에 균열이 발생합니다. 큰 조각을 뗄 때는 이 방법이 유효합니다. 뿔이나 나무로 만든 무른 망치로는 큰 조각을 떼 내기 어렵습니다. 이 망치들은 정교하게 잔손질하는 데 더 적합합니다. 원리를 이해하면 자연적으로 부서진 돌, 침식이나 풍화에 의해 갈라지고 쪼개지고 파인 돌을 인간이 만든 석기와 구별할 수 있습니다. 실험 고고학자들은 석기 제작 원리를 파악한 뒤 망치의 크기나 모양, 재질 등을 달리하여 다양한 시도를 합니다. 또 망치질의 각도나 방법(손에 들거나 무릎 혹은 모루에 올려놓고)도 바꿔서 여러 차례 실험합니다. 마침내 실제 유적에서 출토된 석기와 똑같은 석기를 만들어서 구석기인의 기술을 경험적으로 추적 복원합니다.

떼석기 제작 기술의 백미는 강한 힘으로 내려치는 것이 아니라 '눌러떼기'입니다. 후기 구석기 시대의 정교한 창 중에는 망치를 아무리 섬세하게 두드려도 똑같이 만들 수 없는 것들이 있습니다. 망치가 아니라 뿔과 같이 단단한 도구의 끝부분으로 돌을 강하게 눌러서 작은 조각을 떼는 눌러떼기 기술로 만든 도구들이 그렇습니다. 석기의 날을 눌러떼기로 다듬으면 더 얇고 날카로운 사냥 도구를 만들 수 있습니다. 더 좋은 도구는 더 많은 식량을 확보할 수 있는 전제이므로 구석기인들은 끊임없이 기술을 진보시켰고, 눌러떼기는 그 정점에서 찾은 초정밀 기술이었습니다.

신석기 시대에는 대부분 돌을 갈아서 화살촉이나 창 같은 도구를

전라남도 장흥군에서 출토된 눌러떼기 방법으로 만든 구석기 시대의 창끝찌르개(절반으로 추정 복원)

만들었습니다. 실험 고고학 수업을 해 보면 구석기 시대 화살촉 만들기는 엄두도 내기 어렵지만, 신석기 시대 화살촉은 초등학생도 다 잘 따라 합니다. 왜 그럴까요. 당연히 깨는 기술보다 가는 기술이 쉽기 때문입니다. 게다가 가는 작업은 깨는 것보다 훨씬 천천히 진행되기 때문에 실수가 줄어듭니다. 또 날을 더 예리하게 벼릴 수 있고, 날이 무뎌졌을 때 복구하기도 쉽습니다. 숫돌만 있으면 다시 새것처럼 갈 수 있습니다. 그래서 신석기 유적에서는 엄청난 양의 숫돌이 나옵니다. 그런데 잘 갈리는 돌로 재료가 바뀌긴 했지만, 깨는 방식에서 가는 방식으로의 기술 발달과 변화는 구석기 시대부터 시작되었고, 신석기 시대에 대중화되었습니다. 그 결과 신석기 시대가 되면 석기를 통해 당시의 문화를 연구할 여지가 줄어듭니다. 이 시기에는 새롭게 등장한 토기가 다채롭고 역동적인 사회의 변화를 보여 주므로 대부분의 신석기 연구자들은 석기보다 토기 연구에 매진합니다.

신석기 시대가 되었다고 해서 석기가 도구로서의 기능이나 역할을 상실한 것은 아니지만, 토기라는 새로운 기술적 총아에게 핵심 도구의 지위를 빼앗긴 것은 분명합니다. 더불어 석기 제작 기술이 대중화되면서 희소성이 감소했습니다. 요약하면 이제 석기는 평범하고 흔한 도구가 되었고, 거기에만 존재하던 고유한 기술·문화적 가치는 희석되었습니다. 시대가 바뀌고 기술이 발전하면 한때의 첨단 기술과 도구가 대중화되면서 특별한 지위를 상실하는 일이 그 옛날 구석기 시대에도 존재했습니다. 그리고 새 도구를 손에 쥔 인간은 그것과 함께 새 시대로 나아갔습니다.

고고학자가
돌을 읽는 방법

설계: 도구를 똑같은 형태로 만드는 마술

학창 시절을 지나온 지 아주 오래되었지만 아직도 방학이란 말을 들을 때마다 가슴이 설렙니다. 방학식 날 등교해서 숙제와 중간 소집 일에 관한 선생님의 설명을 듣고 친구들과 곧장 교문을 빠져나오던 기분이 지금도 생생합니다. 고교 시절, 지금은 폐지된 '교련' 수업용 목총을 만들어 오라는 방학 숙제가 나온 적이 있습니다. 학교에 모형 총을 구입할 교구 예산이 부족했던 모양입니다. 친구와 여기저기 돌아다니며 나무를 찾았고, 학교에서 준 설계 도면을 따라 그 나무를 톱으로 자르고 칼로 깎고 페인트로 칠했습니다. 그럴듯하게 완성된 목총의 한 귀퉁이에는 각자의 이름도 새겼지요. 드디어 개학하고 첫 교련 수업 날, 친구들은 저마다 만들어 온 목총을 꺼냈습니다. 제법 그럴듯한 총도 있고 총보단 꼭 몽둥이에 가까운 모형도 있었지만, 전체적으로 모양이 비슷했습니다.

손재주에 상관없이 모두 비슷하게 만들 수 있었던 까닭은 설계도가 있었기 때문입니다. 설계의 장점은 굉장히 많은데, 특히 그것을 공유하면 결과물이 비슷해지는 강력한 힘이 있습니다. 그런 점에 주목해서 인류가 만든 모든 도구 중에서 최초로 '설계'라는 것을 했음 직한 물건을 찾아보면, 놀랍게도 무려 180만 년 전에 만든 주먹도끼가 나옵니다. 주먹도끼는 그 이름을 모르는 사람이 거의 없을 정도로 유명한 구석기이지만, 여기에서는 어떻게 생긴 석기인지 좀 더 자세히 살펴보겠습니다.

주먹도끼의 일반적인 형태는 '한쪽 끝이 뾰족한 타원형'입니다. 저는 이 도구가 꼭 물방울 다이아몬드를 닮았다고 생각합니다. 뾰족한 쪽을 위로 놓고 보면 좌우는 대칭을 이루고, 횡단면은 볼록 렌즈처럼 가운데가 제일 도톰하고 가장자리는 얇습니다. 둘레는 모두 칼처럼 날카롭게 날을 세웠습니다. 주먹도끼로 분류된 석기들은 이런 특징을 공유하기 때문에 크기는 달라도 형태가 비슷합니다. 반면 앞서 출현한 찍개는 모양이 제각각이고 날을 만든 방식도 일정하지 않습니다. 찍개는 생김새에 상관없이 거친 날로 뭔가를 자르거나 쪼개는 기능만 하면 그만이라는 생각으로 만든 도구인 반면, 주먹도끼는 형태가 기능과 긴

밀하게 연결되어 있었을 것이라고 추측합니다. 그게 아니면 애써 일관된 형태를 유지할 필요가 없기 때문입니다.

고고학자들은 주먹도끼를 놓고 여러 가지 흥미로운 추론을 합니다. 우선 주먹도끼의 외형이 모두 비슷하다는 사실에서 이 무렵부터 인류는 '똑같은 물건을 반복해서 만들 수 있을 만큼 지적으로 성장했다'고 판단하고 있습니다. 비슷한 모양의 도구를 반복해서 만들었다는 것은 제작자가 표준화된 형태를 인지하고 있었다는 뜻입니다. 현대인의 관점에서 반복 작업은 지루하기만 할 뿐 창조적이지 않다고 생각할 수도 있지만, 180만 년 전의 일이라면 얘기가 완전히 다릅니다. 자연계에는 비슷한 것을 반복해서 만드는 종이 더러 있습니다. 예컨대 거미는 방사형 그물망을 반복해서 짓습니다. 하지만 그것은 본능이며 누구에게 배운 지식이 아닙니다. 반면 주먹도끼의 독특한 형태와 제작 방식은 인간이 고안하고 전수한 지식이란 점에서 본질적으로 다릅니다.

주먹도끼의 가로 세로 황금 비율

큰 주먹도끼든 작은 주먹도끼든 모두 비슷하게 생긴 까닭은 길이와 너비의 비율에 있습니다. 길이가 길어지면 너비도 따라서 넓어져서 길쭉한 타원형을 유지합니다. 그리고 그 비율은 1 대 0.7 정도입니다. 길이가 10센티미터이면 너비는 7센티미터이고, 길이가 20센티미터로 커지면 너비도 14센티미터 정도로 늘어납니다. 수학 공식처럼 계산이 딱 맞지는 않지만 비율을 일정하게 유지한다는 점이 굉장히 흥미롭습니다. 혹자는 이것이 인류가 유클리드 기하학의 기본 원리를 최초로 인식한 사례라고 평가합니다. 최종 판단은 각자 다르겠지만, 주먹도끼 제작자들이 일정한 모양과 더불어 비율까지 고려했다는 점만큼은 틀림없는 사실입니다.

표준화의 이면에는 중요한 의미가 한 가지 더 있습니다. 인류는 주먹도끼를 100만 년 이상 사용하면서 이 도구의 형식적 특징을 체계적으로 정리하여 같은 시대의 구성원뿐 아니라 다음 세대의 후손에게도 전달했습니다. 그래서 연구자들은 주먹도끼를 만든 사람들은 원시적이지만 소통 가능한 언어를 사용했을 것이라고 추측합니다.

주먹도끼는 이전 시기의 도구들에 비해 훨씬 만들기 어려운 도구입니다. 이것을 만들려면 머릿속의 계획을 빈틈없이 실행할 수 있는 기술력이 필요합니다. 그러기 위해서는 두 손을 자유자재로 사용할 수

경기도 연천군 호로고루 유적에서 수집한 주먹도끼(앞모습과 옆모습)

있어야 하지요. 주먹도끼를 만든 사람들이 누구였나요? 완전히 직립했다는 뜻의 학명을 가진 호모 에렉투스입니다. 인간의 조상은 700만 년 전부터 두 발로 걷기 시작했다고 하는데, 180만 년 전에 등장한 호모 에렉투스 이름에 '직립'을 붙인 이유가 궁금하지 않나요?

결론부터 말하면 이전의 직립은 과정이자 불완전한 단계였고, 호모 에렉투스에 이르러서야 비로소 완벽한 두 발 걷기가 가능해졌습니다. 이 판단은 호모 에렉투스의 골격 구조가 현대인과 거의 동일하다는 점을 근거로 합니다. 호모 에렉투스 단계에 이르러 인간의 '앞발'이 진정한 의미의 '손'으로 바뀐 것입니다. 이렇게 진화한 손은 망치질을 비롯한 정교한 작업을 할 수 있었고, 그로부터 인간은 주먹도끼를 발명했습니다.

진화의 질서에서 예술의 맹아로

이번에는 주먹도끼의 또 다른 외형적 특징인 '대칭'에 주목해 보겠습니다. 자연이 창조한 수많은 생명체가 대칭을 이루고 있습니다. 식물은 언뜻 보면 부정형인 것 같지만, 잎 하나하나를 가만히 들여다보면 가운데 잎맥을 중심으로 대칭을 이룹니다. 꽃과 열매도 모두 대칭입니다. 동물은 더욱 완벽한 좌우 대칭 구조입니다. 인간도 눈에 보이지 않는 장기까지 대부분 대칭 형태입니다. 하나의 세포가 두 개, 네 개, 여덟 개로 분열하면서 성장하는 과정도 대칭 구조와 형태를 유지합니다. 정확한 이유는 알 수 없지만 생명체의 대칭은 진화가 지향한 방향이자 자연계의 큰 질서라고 봐야 할 것 같습니다.

인간이 의식적으로 만든 인공물이 대칭이라면 거기에서도 특별한 의미를 찾을 수 있습니다. 자연계의 대칭이 보이지 않는 신의 질서라면, 인간이 의식적으로 만든 피조물의 대칭은 무엇이라고 해야 할까요. 이미 180만 년 전부터 인간은 신을 닮고자, 혹은 신의 영역을 감히 넘고자 했던 것일까요? 인간이 초기에 만든 도구들은 일정한 모양이나 규칙이 없는 부정형이었는데, 주먹도끼 단계에 이르면서 대칭 형태로 변했습니다. 그리고 그 후 만든 석기들 중 대칭을 이루는 것은 대부분 당시 최고 기술력을 적용한 사냥·살상 도구입니다.

　　대칭은 시각 예술에서도 중요한 개념입니다. 대칭이 주는 시각적 균형감은 보는 사람에게 심리적 안정과 아름다움을 전달합니다. 인류의 뛰어난 문화유산 중에도 대칭 구조를 차용한 것이 많습니다. 이집트 왕들의 무덤인 거대한 피라미드나 무굴 제국 황제가 사랑하는 아내

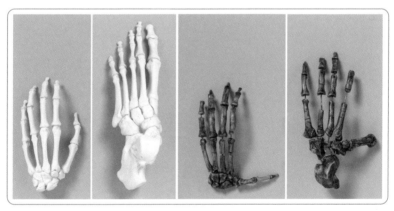

호모 사피엔스(왼쪽)와 아르디피테쿠스 라미두스(오른쪽)의 손과 발
아르디피테쿠스 라미두스의 발 골격 구조는 손과 거의 비슷해서
두 발 걷기와 나무타기를 병행했음을 보여 준다

를 위해 지은 순백의 타지마할이 대표적입니다. 우리나라에도 석굴암을 비롯한 전통 사찰 건축, 신라의 금관, 고려와 조선의 도자기 등에서 무수히 많은 대칭을 발견할 수 있습니다. 이러한 맥락에서 인류가 처음으로 창조한 대칭 구조인 주먹도끼를 예술성의 맹아로 보는 견해도 있습니다.

180만 년 전에 사용한 도구라는 말을 믿으라고?

DNA에 남아 있는 진화의 기억

제가 살면서 들은 이야기 가운데 가장 신기했던 것은 엄마 배 속에 있던 시기를 기억하는 사람들입니다. 제 지인 중 한 명도 그랬습니다. 뿐만 아니라 인터넷에는 자신의 아이가 엄마 배 속에 있을 때를 기억하고 있다는 증언이 상당히 많습니다. 사실 저는 그 말을 그대로 믿지 않았습니다. 오히려 산모들을 유혹해 태교 프로그램에 참여시키려는 상업적 의도일 것이라고 의심했습니다. 그러다 의학적으로 그 가능성이 입증되고 있다는 소식을 듣고 아연실색했습니다. 저의 가장 오래된 기억은 대여섯 살 무렵, 집 뒤의 흙 언덕을 기어오르던 것과 그래서 후줄근한 흰색 면바지가 황토로 누렇게 물들었던 일입니다.

2021년 5월에 개막한 국립중앙박물관 기획 특별전 〈호모 사피엔스: 진화∞관계&미래?〉를 준비할 때 제 경험의 일부를 전시 기획에 반영해 보았습니다. 진화는 매우 오래전부터 아주 천천히 진행된, 그래서 장구한 시간의 과정을 가진 이야기입니다. 그것을 전달하기 위해 우리의 '유전자 속에 자신도 모르게 내재되어 있는 어렴풋한 기억'이라는 설정으로 영상을 만들고 관람객들로 하여금 전시의 서두에서 그 영상을 마주하도록 준비했습니다. 무려 700만 년 동안 이어진 진화의 기억이 고작 100년을 살 뿐인 인간에게 남아 있을 턱이 없습니다. 그러나 우리의 DNA에는 멸종된 네안데르탈인 유전자가 일부 남아 있습니다. 아직 밝혀내지 못했을 뿐이지, 호모 에렉투스의 유전자가 없다고 단언할 수 없습니다. 즉 뇌 속에 저장된 기억은 아니지만 우리의 세포가, 우리의 몸이 그들을 기억하고 있다고 생각했습니다.

시나리오 작가와 함께 머리를 맞대고 진화와 관련된 상징과 은유를 강하게 표현한 총 10편의 인트로intro 영상을 제작했습니다. 각 영상은 1분 내외로, 서사와 내용이 다소 모호해 보이게 만들었습니다. 영상을 본 관람객의 머릿속에 마치 꿈을 꾼 것처럼 어렴풋한 잔상만 남길 원했습니다. 그러다 전시의 어느 지점에서 그 잔상이 전시물과 연결되도록 의도한 것입니다. 그런데 관람객 중 몇 사람이 제게 이런 질문을 했습니다. "700만 년, 180만 년이란 연대는 어떻게 계산한 건가요?" 인간의 감각을 뛰어넘는 아득한 숫자가 당연히 미심쩍고 의심스러울 것입니다. 제가 누군가의 태아일 적 기억을 듣고 느꼈던 기분처럼 말입니다. 그럴 때마다 저는 "이제는 과학 기술이 발달해서 연대를 측정할 수 있다"라고 간단하게 대답했지만, 한편으로 그 원리나 내용을 조금 더 자세하게 설명할 기회가 있으면 좋겠다고 생각했습니다. 굉장히 복잡하고 긴 이야기이지만, 이 장에서 조금 풀어 보려 합니다.

붕괴하는 원소에서 시간을 읽다

구석기 시대는 가장 최근이 1만 년 전입니다. 그러다 보니 과거에는 유물의 정확한 연대를 알기 어려웠습니다. 다행히 과학이 발전하면서 문제가 차츰 해결되었습니다. 연대 추정에 가장 일반적으로 응용하는 것은 자연계에 존재하는 동위 원소입니다. 동위 원소는 한자로 同位 元素, 영어로 isotope로 표기합니다. 쉽게 설명하면 '이름은 같지만 질량이 다른 원소'입니다. 만일 그 동위 원소가 산소라면 산소 동위 원소, 탄소라면 탄소 동위 원소라고 부릅니다. 이 중에서 탄소를 고고학 연구에서 유물이나 유적의 연대 측정에 가장 많이 사용합니다.

상식의 지평을 조금 넓혀 볼까요? 과학 시간에 '수헬리베붕탄질'이라고 달달 외우는 원소 주기율표에서 탄소 'C'는 여섯 번째로 등장합니다. 지구 생명체의 생명 유지에 필수적인 원소이지요. 신체 에너지원인 탄수화물의 근간이며, 우리 몸의 약 20퍼센트를 차지합니다. 그런데 우리가 보통 탄소라고 부르는 원소는 실은 그 종류가 열다섯 가지나 됩니다. 15종의 탄소 모두 핵을 구성하는 양성자의 수는 여섯 개로 동일하지만, 중성자의 수가 다 다릅니다(2~16개). 그리고 중성자 수가 많으면 많을수록 안정적인 성질을 갖습니다. 중성자 수가 다른데 전부 탄소라고 부르는 이유는 양성자가 원소의 화학적 성질을 결정하기 때문입니다. 하지만 주요 구성 요소 중 하나인 중성자의 수가 다르기 때문에 질량은 모두 다릅니다. 바로 이 질량 차이로 각각의 탄소를 선별하고 그 양을 측정할 수 있습니다. 공기 중에 돌아다니는 탄소의 99퍼센트는 중성자가 여섯 개입니다. 이 탄소를 ^{12}C라고 표기합니다 (12는 양성자와 중성자 개수의 합). 한편 중성자가 여덟 개인 탄소 ^{14}C는 자연 상태에서 시간이 경과함에 따라 일정한 비율로 붕괴되다가 결국 질소로 바뀝니다.

탄소의 동위 원소 ^{14}C가 자연 상태에서 양이 정확하게 절반으로 줄어드는 데 걸리는 시간을 '반감기半減期'라고 합니다. 그 시간은 5730($\pm$ 40)년입니다. 과학자들은 바로 이 지점에 착안했습니다. 구석기 유적에서는 당시 사람들이 불을 피웠거나 혹은 화재로 인해 생긴 숯이 종종 발견됩니다. 숯은 탄소를 다량 함유하고 있기 때문에 탄소 반감기를 분석하는 데 아주 유용합니다. 조심스럽게 숯을 수습하여 ^{14}C의 잔량을 측정하면 숯이 생성된 시점을 거꾸로 계산할 수 있고, 그것으로 유적의 연대까지 추정할 수 있습니다. 이렇게 측정한 연대를 'AMS(가속기 질량 분석법Accelerator Mass Spectrometry) 연대'라고 합니다. 대기 중의 ^{14}C 농도 차이를 보정하면 상당히 정확한 연대를 알 수 있습니다.

그런데 탄소는 5730년마다 양이 반으로 줄기 때문에 약 5만 년 이상이 지나면 남아 있는 ^{14}C를 측정하기 어렵습니다. 그보다 오래된 유물은 연대를 측정할 수 없다는 뜻입니다. 장차 극미량 원소를 측정하는 기술이 개발되면 측정할 수 있는 연대 범위가 늘어나겠지만 현재는 5만 년이 한계치입니다.

5만 년은 구석기 시대 전체를 놓고 보면 마지막의 극히 일부 기간에 불과합니다. 구석기 시대가 지금으로부터 약 1만 년 전에 끝났으니까 ^{14}C는 구석기 시대의 마지막 시기인 4만 년 정도만 활용할 수 있습니다. 그보다 오래된 시기 유물의 연대는 어떻게 측정할까요. 아주 간단합니다. 자연계에는 탄소 이외에도 반감기를 가진 동위 원소가 여럿 존재합니다. 오래된 연대를 측정하려면 반감기가 더 긴 동위 원소를 활용하면 됩니다. 반감기가 무려 7.1억 년인 우라늄 동위 원소 ^{235}U, 12.8억 년인 포타슘 동위 원소 ^{40}K, 45억 년인 우라늄 동위 원소 ^{238}U 등이 구원 투수로 등판합니다. 이 동위 원소들은 기나긴 반감기 덕분에 고고학뿐 아니라 지질학 분야에서도 많이 활용되고 있습니다.

최근에는 '빛'을 이용한 연대 측정법이 각광 받고 있습니다. 이것을 '광여기 루미네선스Optically Stimulated Luminescence 연대 측정법'이라고 부르는데, 광여기光勵起라는 이름의 첫 부분부터 상당히 난해합니다. 이것은 물리학에서 원자나 분자의 전자가 '바닥상태'에 있다가 외부의 자극을 받고 에너지를 흡수하여 '들뜬상태'를 뜻한다고 합니다. 줄여서 'OSL 연대 측정법'이라고 부르는 이 방식으로 구석기 고고학에서 ^{14}C가 갖고 있는 연대 측정 범위의 한계를 보완할 수 있습니다. 원리는 이름만큼 어렵지 않습니다. OSL 연대 측정은 토양 속의 석영 입자를 주로 이용합니다. 태양 빛에 노출되지 않도록 토양을 채취한 후 석영 입자들을 골라서 루미네선스(원자 속의 전자가 에너지가 높은 상태에서 낮은 상태로 옮겨 갈 때 에너지의 차이를 빛으로 방출하는 현상)의 방출량을 측정합니다. 루미네선스는 석영 결정이 흙에 완전히 파묻힌 순간부터 축적되기 때문에, 그 원리를 이용하면 석영 입자가 포함된 지층이 언제 흙에 덮였는지 꽤 정확하게 알 수 있습니다. 이 방법으로 수십만 년 이상을 측정할 수 있기 때문에 흙 속에 석영 입자가 풍부한 우리나라의 구석기 유적 연대 측정에 매우 유용합니다.

단단한
고고학

네안데르탈인이
한반도에도 살았을까?

호모 사피엔스 네안데르탈렌시스일까,
호모 네안데르탈렌시스일까?

네안데르탈인은 기구한 사연이 많은 고인류입니다. 속된 말로 '줄을 잘못 선 인류'라고 할 수 있습니다. 우선 화석이 발견된 시점부터 평범하지 않습니다. 1856년 독일 프로이센의 네안더 계곡에서 발견되었는데, 찰스 다윈Charles Darwin이 『종의 기원』을 출판(1859년)하기 3년 전입니다. 당시에는 진화에 관한 지식이 부족해서 현대인의 머리뼈와 달리 선이 굵고 투박한 네안데르탈인의 두개골을 기형으로 보는 의견도 있었습니다. 이후 1886년 벨기에를 시작으로 유럽과 아시아 곳곳에서 고인류 화석이 추가로 발견되면서 네안데르탈인은 차츰차츰 인류 조상 중 하나로 인정받았습니다. 등장하자마자 정체성을 두고 남다른 시련을 겪은 셈입니다.

그러던 중 1908년 한 네안데르탈인의 무덤 유적이 발견됩니다. 앞에서 소개한 샤펠오생 유적입니다. 60세까지 장수한 사람의 무덤이었는데 유골은 신체 각 부위의 변형이 심했습니다. 이로 인해 발견 당시에 네안데르탈인은 현대인과는 다른 괴상한 몸을 갖고 있었다는 오해를 낳았습니다. 멸종된 인류니까 아무래도 어딘가가 이상했을 것이라는 선입견이 강하게 작용했을 것입니다.

네안데르탈인들이 현생 인류인 호모 사피엔스와 꽤 오랫동안 같이 살았다는 점이 주목을 받으면서 그들에 대한 관심이 다시 커졌습니다. 특히 '왜 우리는 살아남고 그들은 멸종했는가'에 초점을 맞춘 연구가 많았습니다. 이 질문을 한 겹 벗겨 내면, 결국 살아남은 인류의 우수성을 입증하려는 경향이 강하다는 것입니다. 그 결과 네안데르탈인과 호모 사피엔스 사이에 그어 놓은 경계만 더 또렷해졌습니다.

연구 초기에는 네안데르탈인이 호모 사피엔스와 상당히 유사한 형질적 특징을 공유하고 있다는 점에 주목해 호모 사피엔스의 한 아종으로 분류했습니다. 그래서 가까운 친척으로 인정된 네안데르탈인을 '호모 사피엔스 네안데르탈렌시스'로, 호모 사피엔스는 '호모 사피엔스 사피엔스'로 구분했습니다. 그러나 연구가 진척되면서 구분이 다시 엄격해졌고, 호모 사피엔스와는 다른 종으로 분류되어 '호모 네안데르탈렌시스'로 바뀌었습니다. 그 뒤로도 네안데르탈인의 이름은 '호모 사피엔스 네안데르탈렌시스'와 '호모 네안데르탈렌시스' 사이를 몇 번 더 오갔습니다.

진화 인류학과 고고학의 관점 차이

최근 유전자 분석 기술이 비약적으로 발전하면서 호모 사피엔스, 즉 우리 현대인의 유전자에 네안데르탈인의 유전자가 일부 섞여 있음이 확실해졌습니다. 둘은 사랑도 하고 아이도 낳았으며, 현대인 중 일부는 그 자식들의 후손이라는 이야기입니다. 네안데르탈인의 유전자가 현대인에게 남아 있다는 것은 그 유전자가 사피엔스의 생존과 적응에 이점을 제공하였다는 의미이기도 합니다. 호모 사피엔스는 아프리카를 벗어나 전 세계로 급속히 확산되고 적응할 때 네안데르탈인들과 마주치고, 그들과 경쟁하거나 협력하기도 했을 것입니다.

유전자 교류는 네안데르탈인이 우리와 같은 종일 가능성도 내포합니다. 다만 현재까지는 이종 교배에 따른 유전자 교류로 이해하고 있습니다. 자연계에는 극히 예외적으로 이종 교배로 태어난 개체가 다음 세대를 생산하는 사례가 있기 때문입니다. 이 부분도 앞으로 더 연구해야 합니다. 아무튼 구구한 오해들은 네안데르탈인이 호모 사피엔스와 매우 가까운 관계였기 때문에 생긴 일입니다.

이상은 진화적 관점에서 들여다본 것이고, 이제 네안데르탈인을 고고학적 시선으로 볼 차례입니다. 네안데르탈인들이 남긴 대표적인 유산으로 앞에서 '르발루아 기술'을 설명했습니다. 이 기술이 발명되기 전까지 석기 제작 과정에서 떨어져 나온 조각인 격지는 그저 부산물에 불과했습니다. 그런데 네안데르탈인은 생각을 바꿔서 부산물에서 새로운 가치를 창출했습니다. 이제 우리는 르발루아 기술이 인류 최초의 '복합적인 기술 체계'였다고 설명할 수 있습니다.

유럽의 고고학자들은 이 기술이 나타난 시기에 구석기 문화가 새로운 단계로 도약했다고 평가하였고, 이를 기점으로 전기 구석기 시대와 중기 구석기 시대를 구분하고 있습니다. 진화적 관점에서 역할이 과소평가되던 네안데르탈인이 고고학적 관점에서는 높이 평가받은 것입니다.

네안데르탈인이 한반도에도 살았을까?

화석은 유기물이 무기물화 된 것이기 때문에 지역의 기후나 토양에 따라 생성 여건이 다릅니다. 그래서 네안데르탈인들이 살던 곳이라 하더라도 화석이 발견되지 않을 수 있습니다. 이때 우리는 차선으로 그들이 남긴 유물이 있는지 확인합니다. 우리나라는 대체로 산성 토양이라 화석 생성이 어렵습니다. 반면에 돌로 만든 석기는 아주 잘 보존됩니다. 일례로 한반도에서 호모 에렉투스의 화석은 발견되지 않지만 그들이 사용한 것으로 보이는 주먹도끼는 다수 발견되었기 때문에 호모 에렉투스가 살았다고 추정합니다. 하지만 네안데르탈인의 흔적인 르발루아 기술로 제작한 석기는 아직 발견되지 않았습니다. 일부 석기가 르발루아 몸돌일 가능성이 제기된 적이 있지만, 가능성을 확정할 만큼 동의를 얻지는 못했습니다. 그러니까 지금까지의 증거로는 네안데르

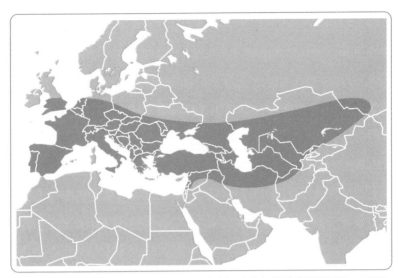

네안데르탈인의 거주 추정 범위(초록색 표시 영역)

탈인이 한반도에 살지 않았다고 설명해야 합니다.

현재까지 발견된 네안데르탈인의 화석과 기술적 증거들을 참고하면 그들은 유럽, 중근동, 시베리아 등지에 퍼져 살았다고 추정됩니다. 그런데 바로 여기에서 한국 고고학계는 중요한 질문에 부딪쳤습니다. "그렇다면 한반도에서 중기 구석기 시대는 어떻게 시작되었나?"

네안데르탈인의 르발루아 기술은 중기 구석기를 설정하는 중요한 열쇠이며, 그 흔적이 발견되지 않는 지역에서는 중기를 설정할 수 없다고 보는 것이 합리적입니다. 유럽 고고학자들이 르발루아 기술을 중심으로 자기 지역의 구석기 시대를 구분한 개념이니, 멀리 떨어진 한반도의 상황과 당연히 부합하지 않습니다. 참고로 아프리카 남부에서도 르발루아 기술이 확인되지 않기 때문에 중기 구석기에 해당하는 시기를 'middle paleolithic'이 아니라 'middle stone age'로 구별하여 부릅니다. 번역하면 '중기 석기 시대'이지요.

이렇게 조금 전문적이고 복잡할 수도 있는 이야기를 장황하게 풀어 놓은 이유가 있습니다. 다른 나라(혹은 지역)에 존재하는 역사의 특정 구간이 자신의 나라에는 없다는 사실을 몹시 민감하게 받아들이는 사람들이 있기 때문입니다. 이와 관련하여 의미심장한 일화가 있습니다. 현재까지의 자료에 의하면 인류는 지금으로부터 약 4만 년 전 이후에 일본 열도로 건너갔습니다. '섬'이라는 특성 때문에 인류의 도달이 상대적으로 늦었지요. 그런데 일본의 한 아마추어 고고학자는 이 상황을 필요 이상으로 심각하게 받아들였던 모양입니다. 한국과 중국에서 수십만 년 전의 구석기 유적이 나오는 것을 보고 자존심이 상한 그는 국가의 자존심 회복을 위해 남몰래 수십만 년 된 유적을 날조하기 시작했고, 결과는 대성공이었습니다. 일본 고고학계는 그가 찾은 선사의 증거에 크게 고무되었고, 후기 구석기 시대만 존재하던 일본 구석기의 연대가 전기 구석기 시대로 확장되었습니다. 발굴의 혁혁한 성과는 고등학교 교과서에도 기술되었습니다. 학계의 인정을 받고 명예를 얻은 아마추어 고고학자는 이후 약 20년에 걸쳐 수십 곳의 유적을 추가로 날조하기에 이르렀습니다.

꼬리가 길면 밟히는 법입니다. 결국 2000년 10월 그의 날조 사건이 백일하에 드러났고, 일본 고고학계로 세계의 비난이 쏟아졌습니다. 국경도 없고 민족도 없으며 지금 우리와의 관계를 설명하기도 어려운 구석기 시대의 일까지도 국가의 명예나 민족의 자존심 문제로 받아들였

단단한
고고학

던 웃지 못할 사건입니다.

유럽에서 정의한 중기 구석기 시대라는 개념이 다른 지역에도 반드시 있어야 할 필요는 없습니다. 혹시 증거가 있는데 찾지 못한 것 아닌지 학문적으로 탐구하는 일은 필요하지만, 다른 욕심이 끼어드는 순간 학문은 객관성을 잃고 혜안도 잃어버립니다.

남보다 일찍 발견해서 억울해진 사람들

인간이 사냥감이었을 때

영국 BBC에서 인간의 진화를 주제로 제작한 다큐멘터리를 본 적이 있습니다. 이 다큐멘터리는 당연히 학계의 연구를 기반으로 제작했지만, 시청자의 흥미를 자극하기 위해 일부 드라마적 구성도 가미했습니다. 그중에서도 머리에 표범 송곳니 자국이 선명하게 남아 있는 고인류 이야기가 무척 흥미로웠습니다. 남아프리카공화국 스와르트크란스 동굴 유적에서 발견된 파란트로푸스 로부스투스는 머리 위쪽을 표범에게 물려 뼈가 움푹 파인 상태였습니다. 표범은 턱 힘이 아주 강하기 때문에 한 입에 사람의 머리통을 으스러뜨릴 수 있습니다. 그런데 발견된 두개골의 상처는 사냥의 흔적이 아니라 표범이 사냥감을 물고 나무 위로 올라가는 과정에서 생긴 흔적으로 보입니다. 입구가 하늘을 향해 열려 있는 동굴 유적의 내부에서는 파란트로푸스 로부스투스의 머리뼈 말고도 다양한 동물 뼈가 발견되어서 이 추측을 뒷받침합니다.

파란트로푸스 로부스투스는 약 260만 년 전쯤 지구에 살았던 고인류입니다. 오스트랄로피테쿠스와 같은 종 혹은 아주 가까운 친척이라고 알려져 있습니다. 오스트랄로피테쿠스는 밤이 되면 포식자들을 피해 안전한 나무 위로 올라가 휴식을 취했습니다. 파란트로푸스도 마찬가지였을 것입니다. 한편 파란트로푸스의 머리뼈를 관찰하면, 마치 닭 벼슬처럼 정수리 부분이 우뚝 솟아 있습니다. 지금 우리에게는 없는 이 부분은 아래턱을 움직이는 근육이 붙어 있던 자리로, 이들이 그 어떤 고인류보다 강한 턱 근육을 가진 종이었다고 알려 줍니다. 턱의 힘이 강했다는 것은 질긴 식물성 음식을 주식으로 삼았다는 뜻입니다.

식물성 음식은 어디서든 구하기 쉬운 대신 소화가 어렵고 영양이 충분치 않기 때문에 많은 양을 오랫동안 씹어 먹어야 합니다. 채식 동물이 하루 종일 먹는 것도 그 때문입니다. 식량 채취와 섭취에 시간이 오래 걸리면 그만큼 포식자에게 노출될 수밖에 없습니다. BBC 다큐멘터리에서는 표범이 풀을 먹던 파란트로푸스 가족을 습격하고, 아버지는 다른 가족을 살리기 위해 희생을 자처합니다. 현대인의 눈높이에 맞춘 해석이기는 합니다만, 우리 인간이 생태계의 먹이사슬에서 피식자 위치에 있을 때 비일비재하게 겪었을 일상의 한 단면입니다.

새로운 발견은 언제나 반대에 부딪힌다

진화론을 체계적으로 정리한 찰스 다윈은 1859년 『종의 기원』으로 세상을 발칵 뒤집었습니다. 엄청난 충격에 휩싸인 서구 세계는 '인간의 아버지 아담이 원숭이였단 말이냐!'라고 격렬하게 반응했고, 다윈과 그의 가족을 원숭이로 묘사해 조롱했습니다. 지금은 진화론에 학문적 의심을 제기하는 사람이 거의 없지만, 기독교 세계관이 지배하고 있던 당시 서양에서는 신학자를 비롯한 기존 학계가 진화론에 반발하는 게 어쩌면 당연한 일이었습니다. 그런데 진화론은 다윈이 유일하게 제기한 학설이 아닙니다. 다윈보다는 덜 알려져 있지만 현대 생물학의 아버지로 불리는 앨프리드 러셀 월리스Alfred Russel Wallace도 비슷한 시기에 진화론을 논문으로 쓰고 있었습니다. 여기에 대해서는 다소 논란이 있습니다. 다윈이 월리스의 학설을 훔쳤다는 설이 있고, 월리스가 평소 존경하던 다윈의 부탁을 받고 『종의 기원』의 출판을 흔쾌히 동의했다는 견해도 있습니다.

새 학설을 공식적으로 제기한 다윈은 엄청난 고초를 겪었습니다. 다행인 것은 그가 혼자가 아니었

THE
LONDON SKETCH BOOK.

PROF. DARWIN.

This is the age of horn.
Love's Labor Lost, act 5, scene 2.
Some four or five descents since.
All's Well that Ends Well, act 3, sc. 7.

1874년에 찰스 다윈과
진화론을 풍자한 만화

다는 점입니다. 월리스나 토머스 헨리 헉슬리Thomas Henry Huxley 같은 든든한 지지자가 그와 함께한 덕분에 싸움은 외롭지 않았습니다. 시간이 갈수록 진화론이 학계에서 점차 공감대를 형성하였고, 결국 다윈이 죽기 전에 학문으로 인정을 받았습니다. 다윈보다 수백 년 앞서 신의 섭리인 천동설에 대항했던 니콜라우스 코페르니쿠스Nicolaus Copernicus와 갈릴레오 갈릴레이Galileo Galilei는 죽을 때까지 지동설을 인정받지 못했습니다. 심지어 갈릴레이는 사후에 성당 안에 무덤을 만들 수도 없었습니다. 그들에 비하면 다윈의 억울함은 해피엔딩으로 끝난 셈입니다.

이제 진짜 억울한 사람의 이야기를 해 보겠습니다. 지금까지 세계 각지에서 상당수의 구석기 시대 동굴 벽화가 발견되었습니다. 그중에서도 스페인의 알타미라 동굴 벽화는 가장 일찍 세상에 알려진 벽화입니다. 이 위대한 벽화를 세상에 알린 사람은 스페인의 아마추어 고고학자 사우투올라Sautuola입니다. 벽화가 있는 동굴을 처음 발견한 사람은 같은 지역에 살던 사냥꾼이지만, 사우투올라가 동굴 안에서 벽화를 찾은 것은 수년이 더 지난 1879년입니다. 사우투올라는 사냥꾼에게 자기 땅에 동굴이 있다는 이야기를 들었지만 처음에는 호기심을 느끼지 않았던 것 같습니다. 그도 그럴 것이 유럽에는 석회 동굴이 무척 많이 있습니다. 그렇게 10년이 더 지난 어느 날 그는 딸과 함께 우연히 동굴에 들어갔고 딸 마리아가 동굴 안쪽에서 들소 그림을 발견했습니다. 동굴 벽화는 햇빛이 전혀 닿지 않는 깊은 곳에 있었고, 그동안 사람들은 동굴 입구 근처만 살펴보고 돌아갔기에 벽화의 존재를 몰랐던 것입니다.

사우투올라라는 전문 연구자를 불러 동굴을 찬찬히 조사한 뒤 이듬해에 고고학계에 정식으로 발표했습니다. 그런데 찬사를 받기는커녕 오히려 조작 논란에 휩싸였습니다. 사람들은 사우투올라가 화가를 고용하여 벽에 몰래 그림을 그리고 사기 행각을 벌이고 있다고 의심했습니다. 알타미라 동굴 벽화가 구석기 시대의 유물로 보기에는 너무도 선명하고 화려했기 때문입니다. 게다가 원시인이 그렸다고는 믿기 힘들 만큼 회화적으로도 뛰어났기 때문에 당대의 유명 고고학자들은 한목소리로 구석기 시대의 벽화가 아니라고 부정했습니다. 만약 알타미라 동굴을 구석기 유적으로 인정할 경우 기존 학설을 수정해야 한다는 위기감도 있었을 것입니다. 학계의 냉담과 비난에 크게 좌절한 사우투올라는 얼마 후 아무도 동굴에 들어가지 못하도록 입구를 봉쇄했다고 합니다.

훗날 입체파 미술의 거장 피카소가 이 벽화를 보고 "알타미라 이후 모든 예술이 퇴보했다"라고 탄식했을 정도이니 그림의 수준은 설명할 필요조차 없습니다. 자외선이 닿지 않는 동굴 안쪽에 적철석이나 황철석과 같은 천연 광물 안료로 채색했기 때문에 수만 년간 원래의 색이 그대로 보존될 수 있었습니다.

안타깝게도 사우투올라가 죽을 때까지도 벽화는 구석기 유물로 인정받지 못했습니다. 그는 결국 '사기꾼'이라는 세상의 조롱을 받으며 생을 마감했습니다. 그의 사후 10여 년이 지나 프랑스 라스코 동굴 벽화 등이 발견되면서 알타미라는 비로소 가치를 인정받게 됩니다. 벽화 발견 당시 사우투올라를 비웃고 조롱했던 프랑스의 고고학자 에밀 카르타야크Émile Cartailhac는 학술 논문을 통해 자신의 잘못을 시인했습니다.

사우투올라가 어른거리는 등불 사이로 알타미라 동굴 천장의 벽화를 마주했을 때 느꼈을 떨림과 끝내 세상으로부터 외면당한 채 죽음을 맞은 서글픔을 찬찬히 생각해 봅니다. 차라리 알타미라를 발견하지 않았다면 평화로운 인생을 살다가 생을 마쳤을지도 모르겠습니다. 우리는 인간이 항상 새로운 지식을 추구하고 세상은 진보를 향해 열려 있다고 생각합니다. 그러나 새로운 발견과 지식이 통념이라는 단단한 벽에 부딪혀 번번이 좌절된 역사는 늘 반복되었습니다. 오늘도 이 세상 어느 곳에서는 무엇인가를 먼저 깨달은 사람들의 목소리가 묵살되고 있을지 모릅니다.

이 이야기는 2016년에 영화로 만들어졌습니다. 〈파인딩 알타미라 Finding Altamira〉라는 제목이고, 배우 안토니오 반데라스Antinio Banderas 가 비운의 사우투올라를 연기했습니다.

북한에도
고고학자가 있나요?

고고학 연구에서도 갈라진 남북한

뭔가를 이루려 결심하고 아무리 애를 써도 정작 마음먹은 대로 되는 일은 별로 없다는 걸 점점 더 실감합니다. 세상에 당연한 일은 없습니다. 스스로 할 수 있는 일을 다 하고 그 후에는 기다리라던 '진인사대천명盡人事待天命'을 나이가 들면서 절실하게 이해하게 됩니다. 운명론자가 아니었는데, 이제는 살면서 겪은 대부분은 우연이었고 운이었다는 생각도 합니다. 구석기 시대를 공부하며 한 경험 가운데 가장 인상 깊은 일은 북한에서 발굴된 구석기를 직접 만져 본 일입니다. 우리나라 구석기 연구자 중에서 북한에서 나온 구석기를 직접 만지고 관찰한 사람이 몇 명이나 될까요.

구석기를 박물관 진열장 바깥에서 봐서는 제대로 이해할 수 없습니다. 직접 손에 들고 이리저리 돌리며 눈이 아닌 촉각으로 살펴야 정말로 공부한 것임은 구석기 연구자라면 모두 동의합니다. 국립중앙박물관이 2006년에 〈북녘의 문화유산〉 특별전을 개최했을 때 저는 운 좋게도 서울에서 근무하고 있었습니다. 북한 '조선중앙력사박물관'에서 온 태조 왕건상을 포함한 90여 점의 유물 중에는 평양 검은모루 동굴에서 발굴된 뗀석기 세 점이 포함되어 있었습니다. 석회암으로 만든 탓에 풍

화된 석기를 찬찬히 살펴보는 동안 말로는 설명하기 힘든 전율을 느꼈고, 아직도 그때의 떨림을 기억하고 있습니다. 그때 만일 다른 곳에 근무하고 있었다면 언감생심 焉敢生心이었을 것입니다.

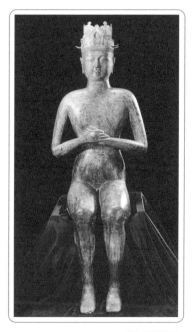

태조 왕건 동상

북한 정권은 일찍부터 역사에 관심이 많았습니다. 광복 후 한동안은 남한보다 고고학 연구에서 앞섰고 성과도 더 뛰어났습니다. 남한에서의 첫 구석기 유적 발굴은 1964년 충청남도 공주시 석장리 유적이었는데, 북한은 그보다

1년 먼저 함경북도 웅기군 굴포리 유적을 조사했습니다. 1년이 별것 아닌 것 같아 보이지만, 구석기 시대에 대한 학문적 이해와 연구 기반의 축적은 그보다 더 벌어져 있었습니다. 그 후로도 북한은 평양시 근처의 동굴 유적을 샅샅이 조사해서, 고인류와 갱신세의 동물 화석을 발굴하고 연구 보고서를 펴냈습니다. 평양 인근이 석회암 지대라서 동굴이 많기도 했지만, 무엇보다도 수도 평양의 유구한 역사를 강조하려는 정치적 목적이 컸다고 추측합니다. 그 결과 평안남도 덕천군 승리산 동굴에서 승리산인, 평양시 대현 동굴에서 역포인, 평양시 만달 동굴에서 만달인, 평양시 용곡 동굴에서 용곡인 등 여러 고인류 화석이 쏟아져 나왔습니다. 반면에 당시 남한은 고인류에 관한 연구 성과가 거의 없다시피 한 형편이었습니다.

그러나 남북이 분단된 상황에서 남한 연구자들은 북한 고고학계의 연구 성과를 접하기 어려웠습니다. 일본을 경유하여 비공식적으로 구하거나, 우여곡절을 겪으며 복사가 금지된 특수 자료실에 겨우 들어가 눈으로만 훑어야 했습니다. 그러다 노태우 정권 때인 1988년의 「7·7선언」(민족 자존과 통일 번영을 위한 대통령 특별 선언)을 계기로 분위기가 달라졌습니다. 서울 올림픽을 잘 치르려면 북한과의 협력이 필수였고, 그런 취지에서 나온 특별 선언은 고고학자들에게 북한 자료 개방이라는 뜻밖의 선물을 주었습니다. 당시 대학생이던 저도 영인된 북한 자료를 볼 수 있었습니다.

한반도 고인류의 이동 경로

북한 지역의 구석기 연구 성과는 남한의 구석기 연구자들에게 매우 중요합니다. 구석기 시대에 인간과 동물은 남북한을 자유롭게 오갔고, 따라서 그들이 남긴 유적과 흔적도 서로 긴밀하기 때문입니다. 특히 몇 가지 부분에서는 북한 지역 자료가 없으면 연구를 진척할 수 없습니다. '한반도의 구석기 시대는 언제 어떻게 시작되었을까'라는 본질적인 질문에 답하기 위해서라도 고인류의 한반도 유입 경로를 한눈에 볼 수 있어야 합니다. 여기에는 두 가지 가설이 있습니다. 첫째는 대륙과 연결된 북방으로부터의 유입이고, 둘째는 빙하기에 황해가 육지가 되면서 중국 황허와 우리나라의 한강·임진강 등이 하나로 연결되었던

북한 평양시 상원 검은모루 유적에서 나온 주먹도끼(왼쪽)와 찌르개(오른쪽)

대하천 '고황허古黃河' 유역의 경로입니다.

극심한 빙하기에 극지방의 바닷물이 얼면서 빙하가 커졌고, 그 결과 전 지구의 해수면이 낮아지면서 황해 전체가 육지로 변했습니다. 이때 황해로 흐르던 중국과 한반도의 여러 강이 한 줄기로 합류해 거대한 강을 이루었습니다. 이 강이 바로 고황허입니다. 중국 지역에서는 베이징원인을 비롯하여 한반도보다 이른 시기에 호모 에렉투스가 살았던 흔적이 확인되었습니다. 만일 그들이 한반도로 이동했다면 추운 북쪽을 경유하기보다는 동식물 식량 자원이 풍부한 고황허를 따라 이동했을 것이라는 설명이 더 합리적입니다. 중국 측 주장에 따르면 황허와 양쯔강 유역에서 70~80만 년 이상 된 유적이 발굴되었고, 우리나라 임진강·한탄강 유역에도 전곡리를 비롯해서 남한에서 가장 이른 시기의 유적이 분포해 있기 때문에 저 또한 고황허 이동설의 가능성을 크게 봅니다. 이와 관련해서는 평양 일대에서 다량 출토된 고인류 화석이 호모 에렉투스의 한반도 유입 시기와 과정을 연구하는 데에 아주 중요한 단서가 될 수 있습니다. 그러나 우리는 자세한 내용을 확인할 수 없습니다. 임진강·한탄강 유역 또한 대부분이 비무장 지대이거나 북한 지역이라서 학술 조사가 어렵습니다.

대륙과 연결된 북방 경로도 상황이 마찬가지입니다. 특히 호모 사피엔스의 한반도 진입 경로로 추정되는 북방 경로는 여전히 그 가능성을 추정하는 데 그치고 있습니다. 중국 북부나 몽골, 시베리아 동북 지역에서는 호모 사피엔스의 자취인 돌날 기술이 일반적으로 확인되고, 같은 흔적이 한반도의 남부에도 널리 퍼져 있습니다. 그렇다면 호모

빙하기의 고황허 유역

사피엔스는 한반도 북부 지역을 경유하여 남하했다는 설명이 정황상 가장 유력합니다. 휴전선에 가로막혀 그 사실을 확인해 볼 수 없는 상황이 안타까울 뿐입니다.

북한 지역과 관련된 또 하나의 중요 연구 주제는 구석기 시대의 교류와 교역입니다. 여기에는 흑요석과 슴베찌르개가 중요한 소재입니다. 현재까지 알려진 바에 따르면 흑요석은 백두산 근처에서만 채집됩니다. 그런데 백두산에서 만들어진 흑요석이 800킬로미터 떨어진 한반도 남해안의 유적에서 발견되었습니다. 그 중간에 위치한 강원도와 경기도의 유적에서는 더 많은 양의 백두산 흑요석이 나왔습니다. 그리고 남쪽으로 내려갈수록, 원산지에서 멀면 멀수록 흑요석의 양이 줄고 크기가 작아집니다.

이러한 점을 볼 때 흑요석은 북쪽에서 남쪽으로 내려온 게 확실합니다. 그러나 휴전선 북쪽에 관해서는 정보가 없기 때문에 어떤 경로로, 어떤 기술을 동반해서, 어느 시기에, 몇 차례에 걸쳐 이동했는지, 사람이 직접 들고 왔는지 혹은 권역별 원시 교역이 존재했는지 등에 관해 아무 대답도 할 수 없습니다. 반대로 응회암으로 만든 슴베찌르개는 남한 지역에서 발생한 뒤 멀리 북쪽의 러시아 블라디보스토크 지역으로 확산되었습니다. 흑요석과 슴베찌르개는 한반도 구석기인들의 이동 양상과 행동반경을 알 수 있는 대단히 흥미로운 연구 주제이지만 손을 댈 수도 없고 다가갈 수도 없어서 안타깝습니다.

최근 들어 북한의 정치 상황이 과거와 사뭇 달라진 듯합니다. 고고학 연구 분야에서는 특히 그 변화가 크게 느껴지는데요, 과거 김일성

단단한 고고학

시기에는 일제 강점기의 식민사관 극복과 정통성 확보를 위해 그나마 순수함을 유지하고 있던 학문이 시간이 갈수록 부자 세습에 대한 찬양과 왜곡으로 변질되었습니다. 이제는 그들이 발표하는 연구 성과를 활용하는 것도 힘들어졌습니다.

도구에 담긴
우리의 미래

SF 영화는 제가 가장 좋아하는 장르입니다. 놀라운 상상력과 특수효과는 보는 내내 즐거움을 줍니다. 그중에서도 제 인생 최고의 영화는 2001년에 개봉한 〈AI〉입니다. 기후 온난화로 대부분의 대륙이 바다에 잠긴 미래 지구. AI 소년 데이비드가 아들이 불치병에 걸린 한 가정에 대리 아들로 입양되면서 영화는 시작됩니다. 그런데 불치병에 걸렸던 인간 아들이 기적적으로 치료되자 양부모는 데이비드를 숲에 버립니다. 진짜 엄마를 너무도 그리워한 데이비드는 푸른 요정을 찾아다니며 진짜 사람이 되길 간절히 소망하지만, 꿈은 좌절되고 지구에는 빙하기가 닥쳐 모든 인류가 멸종하고 맙니다. 많은 시간이 흘러 지구를 탐색하던 외계인들이 데이비드를 발견했고, 그의 메모리를 복원하여 인류를 탐구합니다. 그리고 단 하루에 불과하지만 엄마와 재회시켜 줍니다. 외계인이 엄마의 머리카락으로 인간 복제에 성공한 것입니다. 꿈을 이룬 데이비드는 엄마의 손을 잡고 영원한 잠에 빠집니다.

이 영화를 감독한 스티븐 스필버그Steven Spielberg는 SF 장르에 거대한 인류애를 심어 놓았습니다. 그러면서도 장면 곳곳을 과학적 상상력으로 빼곡하게 채웠습니다. 빛으로 이루어진 외계인 모습도 인상적이고, 상자 모양의 외계 비행선이 부드럽게 날아와 착륙하는 장면은 가히 독보적이라고 생각합니다. 감독은 착륙과 동시에 비행선의 형체가 사라지는 장면을 통해서 타고 내린다는 개념 자체를 없애버렸습니다.

지금으로부터 수백만 년 전, 자연계의 나약한 종 중 하나였던 인간이 돌조각 하나를 집어 든 것이 시작이었습니다. 그래도 밤이 되면 맹수를 피해 나무 위로 올라가야 했고, 잠깐의 방심으로 목숨을 잃기 일쑤였습니다. 그러나 구석기 시대가 끝날 무렵에는 상황이 완전히 바뀌었습니다. 보잘것없던 돌조각이 어떤 맹수라도 거침없이 포획할 수 있는 위력적인 무기로 발전했고, 인간은 동물의 가죽을 비롯해 자연에서 획득한 각종 전리품으로 몸과 삶터 전체를 단단하게 둘러쌌습니다. 그리고 인류는 아프리카 일부 지역에서 출발하여 지구의 모든 땅에서 번성했습니다. 지금의 우리는 이 모든 과정을 물려받은 후손입니다.

구석기 시대가 끝나고 1만 년이 더 흘렀습니다. 그동안 인류는 더욱 많은 것을 이루었습니다. 그리고 그 힘은 전부 도구에서 나왔습니다.

인간이 생활에 사용하는 모든 인공물은 우리 스스로 만든 도구입니다. 처음엔 맹수의 발톱과 이빨을 모방했지만, 이제는 아득히 발전하여 동물과는 삶의 영역을 공유하지 않을 만큼 초월적 상태에 도달해 있습니다. 눈부신 왕좌를 만들어 준 구석기인들을 '미개'하다고 여길 만큼 문명이 발전했습니다.

그런데 궁금합니다. 그들은 우리보다 얼마나 미개할까요? 고고학적 성과를 토대로 인간의 기억을 더듬으면, 그들은 돌조각과 나뭇가지, 동물의 뼈와 가죽, 뜨거운 불 등 주변 어디에나 있는 재료를 적절히 선택하고 가공하고 결합했습니다. 즉 창의적 방식으로 조합해서 왕좌에 오른 것입니다. 지금은 얼마나 다른가요? 지금의 인간은 고인류와 본질적으로 완전히 다른 방식으로 새로운 문명을 창조하였을까요? 저는 결코 그렇지 않다고 생각합니다.

문명이 최고점에 이른 금세기, 가장 창의적 집단 가운데 하나인 애플Apple Inc.의 리더 스티브 잡스Steve Jobs는 "창조성이란 단지 연결하는 능력"이며, 인간은 "자신의 경험을 연결하여 새로운 것을 합성할 수 있다"라고 통찰하였습니다. 그의 말에서도 짐작할 수 있듯 현재 인류의 방식과 과거 인류의 방식은 본질적으로 동일합니다. 현대 문명은 셀 수 없이 긴 시간 동안 셀 수 없이 많은 결과가 쌓이면서 고도화되었습니다. 그때부터 지금까지 이어진 시간들은 모두 '인간의 시대'이며, 따라서 원시가 미개하다는 생각은 무지이고 오해입니다.

제 자신이 인류 발전의 도도한 흐름 속 일부라는 사실이 행복합니다. 첨단 문명의 어두운 면인 인간성 상실과 비윤리, 도덕적 해이가 걱

정스럽긴 해도, 인간의 성장 과정을 보면 그리 우려할 일이 아닌 것 같습니다. 인류는 자신이 만든 칼날에 스스로 손을 베는 사고를 겪기도 했지만, 도구의 대부분은 인간을 이롭게 하였고 앞으로도 그럴 것이라 믿어 의심치 않습니다. 구석기 시대부터 싹트고 자란 인류애는 미래에도 굳건할 것입니다. 저 역시 더욱 진보한 미래의 도구 덕분에 하늘에 계신 부모님과 잠시라도 재회할 수 있기를 간절히 바라면서, 이 책을 두 분께 바칩니다.

2023년 4월

김상태

단단한
고고학

한눈에 보는
한반도 구석기 문화

    국립박물관은 매년 약 1000만 명의 관람객이 방문하는 한국을 대표하는 복합 문화 공간입니다. 전국의 주요 도시에 14개의 국립박물관이 있어서 각 지역의 역사와 문화를 전시하고 교육, 발굴, 보존하는 데 중요한 역할을 담당하고 있습니다. 각 박물관 입구에서 가장 가까운 전시실에는 보통 역사적으로 가장 앞선 시기인 구석기 시대 유물이 전시되어 있습니다. 그런데 많은 관람객이 돌로 만든, 단순하고 비슷비슷해 보이는 도구가 전시된 구석기실을 빠르게 스쳐 지나가곤 합니다. 화려한 금제 장신구와 불상, 예술성 높은 그림과 도자기들에 비하면 구석기 유물은 재미없어 보이는 것이 사실입니다. 그러나 '아는 만큼 보인다'라는 말도 있듯이, 구석기인들의 손때 묻은 도구 하나하나에는 놓치기 아까운 소중한 이야기들이 담겨 있습니다. 지금부터 한반도의 구석기 시대 문화의 일면을 엿볼 수 있는 대표 뗀석기 10선을 보여 드리겠습니다. 각 도구의 특징을 이해한다면, 앞으로 박물관 구석기실이 달라 보일 것입니다. 저의 즐거움이 여러분에게도 닿기를 바랍니다.

    (이하의 유물은 국립중앙박물관 선사·고대관의 구석기실에서 실제로 관람할 수 있습니다.)

단단한
고고학

찍개chopper ｜ 경기도 파주시 금파리 유적 ｜ 길이 117밀리미터, 규암

주로 자갈돌의 가장자리 한쪽(혹은 양쪽)을 거칠게 가공해 날카로운 날을 만든 석기. 가장 이른 시기의 도구 가운데 하나로, 주먹 크기 정도. 동물의 뼈를 부수거나 나무를 찍는 데에 사용했을 것으로 추정.

여러면석기polyhedron ｜ 강원도 양구군 상무룡리 유적 ｜ 길이 102밀리미터, 석영

거의 모든 면을 가공한 동그란 공 모양 석기. 찍개와 함께 가장 이른 시기의 도구 중 하나로, 석영으로만 제작됨. 용도에 대해서는 사냥용, 식물성 음식 가공용 공이, 몸돌의 일종 등 여러 가설이 있음.

3

주먹찌르개pick | 경기도 연천군 전곡리 유적 | 길이 150밀리미터, 규암

끝이 뾰족한 주먹도끼와 비슷한 형태를 하고 있으나, 주로 찌르는 끝부분의 가공에만 치중한 것이 특징. 찌르는 날 부분이 단면 삼각형이고, 반대편은 둥근 자갈면을 남겨 사용 편의성을 도모하였음.

4

주먹도끼hand axe | 경기도 연천군 전곡리 유적 | 길이 169밀리미터, 규암

양면을 모두 가공하고 가장자리 대부분에 날을 만든 다기능 석기. 길쭉한 타원형으로, 좌우 대칭이며 단면은 볼록렌즈 형태. 같은 기종의 형태적 유사성이 커서, 호모 에렉투스의 지적 성장을 대표하는 석기로 평가.

236

긁개scraper | 충청북도 제천시 창내 유적 | 길이 75밀리미터, 셰일

모든 시기의 구석기 유적에서 가장 많이 발견되는 도구. 작은 격지의 한쪽 가장자리를 고르게 잔손질해 만듦(사진 속 긁개는 왼쪽 면이 작업 날). 고기나 가죽 자르기, 나무 가공 등 광범위한 일상생활에 사용했을 것으로 추정.

밀개end scraper | 전라남도 곡성군 옥과 유적 | 길이 62밀리미터, 혼펠스

긴 쪽 끝부분에 날을 세우고, 긁개 날보다 덜 날카롭게 가공한 석기. 둥근 부분을 이용해 주로 가죽 무두질에 사용하였을 것으로 보이며, 추운 지역일수록 출토 사례가 증가해 의복 제작과 관련 있는 석기로 추정.

7

뚜르개awl ｜ 강원도 양구군 상무룡리 유적 ｜ 길이 75밀리미터, 석영

작은 격지의 모서리 부분을 더 뾰족하게 가공하여 구멍을 뚫을 때 사용하는 날로 가공함. 날 앞부분만 뾰족하다는 점이 여타 찌르개류와 다름. 사용흔 관찰 결과 주로 돌출된 끝부분에 마모가 집중되어 있음.

8

돌날몸돌과 blade core ｜ 충청북도 단양군 수양개 유적
돌날　　　& blade ｜ 몸돌 길이 119밀리미터, 셰일

길고 곧은 돌날을 연속해서 생산할 수 있는 후기 구석기 시대의 혁신 기술. 몸돌을 만드는 기술 체계가 핵심. 생산된 돌날은 그대로 석기로 사용할 수 있지만, 다른 석기로 가공하기 위한 소재로 활용된 특징도 있음.

9

슴베찌르개tanged point | 충청북도 단양군 수양개 유적 | 길이 73밀리미터, 셰일

돌날로 만든 창끝의 한 종류. 돌날의 자연 날을 최대한 활용하고자 창 자루와 연결하는 슴베와 창끝만 제한적으로 가공함. 한반도 고유의 석기로 평가.

10

화살촉arrowhead | 강원도 동해시 월소 유적 | 길이 28밀리미터, 석영

화살대의 끝부분에 장착하는 석기. 대개 손가락 한두 마디 크기이며 눌러떼기 기술로 정교하게 가공. 후기 구석기 시대가 끝나갈 무렵 출현한, 호모 사피엔스의 석기 제작 및 사냥 기술이 정점에 도달하였음을 보여 주는 석기.

단단한 고고학

2023년 4월 30일 1판 1쇄
2023년 7월 31일 1판 2쇄

지은이
김상태

편집	디자인	
이진, 이창연, 홍보람	김효진	

제작	마케팅	홍보
박홍기	이병규, 이민정, 최다은, 강효원	조민희

인쇄	제책	
천일문화사	J&D바인텍	

펴낸이	펴낸곳	등록
강맑실	(주)사계절출판사	제406-2003-034호

주소		전화
(우)10881 경기도 파주시 회동길 252		031)955-8588, 8558

전송
마케팅부 031)955-8595, 편집부 031)955-8596

홈페이지	전자우편	
www.sakyejul.net	skj@sakyejul.com	

블로그	페이스북	트위터
blog.naver.com/skjmail	facebook.com/sakyejul	twitter.com/sakyejul

ⓒ 김상태 2023

이 책의 본문은 '을유1945' 서체를 사용했습니다.

ISBN 979-11-6981-139-2 43900